とびきりかわいいリボン刺しゅう
Sweet Ribbon Embroidery

高村さわこ

Message

リボン刺しゅうに出合ったのは、今から10年ほど前のこと。

子どもたちがまだ小さかった頃、幼稚園のバザー用に

何か作りたいと思ったのがきっかけです。

最初にチャレンジしたのは花モチーフのくるみボタン。

その次は、サクランボやスイーツを刺してみました。

どれもあっという間にできるのに、かわいくて、楽しくて。

糸で刺しゅうをするよりもボリュームが出るので

見た目が華やかになるのもうれしくて。

夢中になるのに時間はかかりませんでした。

その後、海外で生活する機会があり

洋書や動画サイトなどを参考にしながら

独学で試行錯誤。どうしたらきれいに刺せるのか

自分なりに研究を重ねていくうちに、

ふんわりとやさしいリボン刺しゅうの魅力を

もっと多くの方に伝えたいと思うようになりました。

本書では、リボン刺しゅうのかわいいモチーフを

たっぷりご紹介するとともに、

登場するステッチをすべてプロセス写真つきで解説。

ぜひ手元に置いて楽しんでいただけたらうれしいです。

Contents

| ウェルカムボード p.6 | ローズガーデン p.8 | フルーツパーラー p.10 | レモンとブドウのサシェ p.11 |

スイーツパーティ p.12　　ホイップクリームのサンプラー p.13　　カーネーションのメッセージカード p.14　　春のボタニカルサンプラー p.15　　コットンリボンのカーディガン p.16

プチローズのキッズ用カーディガン p.17　　春の花を集めて p.18　　ミモザとチューリップのサンプラー p.19　　リーフモチーフのミニトート p.20　　リーフガーデンのサンプラー p.21

スズランのハートリース p.22　　マーガレットの巾着ポーチ p.23　　ワイルドストロベリーのミニフレーム p.24　　ワイルドストロベリーのくるみボタン p.25

スワンとフラミンゴのブローチ p.26　　フラワーバスケットのサンプラー p.27　　スワンとフラミンゴのシークレットガーデン p.28

Sweet Ribbon Stitches

私の好きな花図鑑
p.30

リボン刺しゅうの基本とレッスン …… p.32

道具について／リボンについて
刺しゅう糸について／布について
図案の写し方／刺しゅう枠の使い方
リボンの通し方／刺し始め／刺し終わり

リボン刺しゅうのステッチの刺し方 …… p.36

ワンポイントレッスン …… p.47

カットイチゴ／リボン／アサガオ／ホイップクリーム

How to make

図案と作品の作り方 …… p.49

この本で使っているステッチ …… p.87

＊本誌掲載の作品・図案を複製して販売することは、店頭・オンライン（オークション・バザー等を含む）、個人・法人を問わず、ご遠慮いただいております。個人で手作りを楽しむためにのみご利用ください。

ウェルカムボード
Welcome board

オーバルの刺しゅう枠は
そのまま飾るだけで素敵なインテリアに。
大輪のバラや愛らしい小花に
「ようこそ！」のメッセージを添えて
お客さまを迎えましょう。

How to make — p.50

小花はストレートステッチとフレンチノットステッチで。刺しゅう糸で刺したスカラップ模様が、全体の引き締め役に。

3色のリボンを使ったスパイダーウェブローズステッチ。中心には濃いめの色、外側には淡めの色を選ぶのがポイント。

ローズガーデン
Rose garden

バラを刺すための技法だけでもいろいろあるのが
リボン刺しゅうの最大の魅力です。
オールドローズから咲きかけのつぼみまで
さまざまな表情のバラをリースにしました。
ピンク系のリボンで刺せば、やさしい雰囲気に。

How to make ─── p.52

1_ゆるく撚りをかけながら、2色のリボンでスパイダーウェブローズステッチを。花びらがカールしたような、愛らしいたたずまいに。2_ギャザードステッチを2段重ねにしたら、ポンポン状の可憐なバラが誕生。3_ランニングローズステッチをリボンステッチでくるんで、バラのつぼみを表現。4_カップ咲きの楚々とした花姿は、まるで本物のバラのよう。オールドローズステッチの詳しい刺し方はp.45参照。

フルーツパーラー
Fruit parlor

イチゴにバナナ、オレンジ、サクランボ……。
刺しゅう枠いっぱいにフルーツをちりばめました。
グラデーションリボンをポイントづかいすることで
半分にカットしたイチゴとオレンジの皮を表現。

How to make ― p.54

レモンとブドウの
サシェ
Lemon and Grapes sachet

ブドウとレモンをワンポイントでステッチして
小さなサシェに仕立てました。
引き出しに忍ばせたり、アクセサリーケースにしたりと
使いみちはいろいろです。

How to make — p.56

スイーツパーティ
Sweets party

大好きなスイーツを並べて、カラフルにステッチ。
ふんわりとした立体感が表現できるのは
リボン刺しゅうならではの魅力です。
スプーンとフォークを添えて、さあ召し上がれ！

How to make — p.58

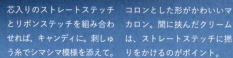

芯入りのストレートステッチ とリボンステッチを組み合わせれば、キャンディに。刺しゅう糸でシマシマ模様を添えて。

コロンとした形がかわいいマカロン。間に挟んだクリームは、ストレートステッチに撚りをかけるのがポイント。

ホイップクリームのサンプラー
Whipped cream sampler

いろいろなボーダー模様を白いリボンだけで刺したら
まるで本物のホイップクリームみたい！ 同じステッチでも
リボンの幅や引き加減を変えるだけで、アレンジの幅が広がります。

How to make —— p.60

カーネーションの
メッセージカード
Carnation message card

カーネーションの花はギャザードステッチで。∞の形にねじりながら形づくることで、ボリューム感がアップ。

花束に添えたリボンの足の部分は、リボンステッチを最後まで引き切らずに、途中でとめるのがポイント。

立体的なモチーフが新鮮なメッセージカードに「ありがとう」の気持ちを込めて──。
シルバーの刺しゅう糸がさりげないアクセントに。
ボリュームのあるカーネーションを刺せるのは、
リボン刺しゅうならではです。

How to make — p.62

春の
ボタニカル
サンプラー
Spring botanical sampler

カーネーションに紫の小花と
マーガレットを添えて
春色のリボンでステッチ。
スカラップ状に刺した枠の中に
同じモチーフを繰り返し刺せば
可憐なボーダー模様の完成です。

How to make — p.64

コットンリボンの
カーディガン
Cotton ribbon cardigan

ガーゼリボンのやさしい風合いは、ニットとも相性抜群。
単色でふんわり刺せば、シックで上品な印象に。
針先が丸くなったニット用の針を使って
ひと針ひと針、ていねいに刺すのがポイントです。

How to make — p.61

プチローズの
キッズ用カーディガン
Petit rose kids' cardigan

子供用のカーディガンには、オールドローズステッチをワンポイントで。
リボンの素材を変えるだけで、素朴で愛らしい雰囲気に仕上がります。
リボンの引き加減に気をつけながら、ふっくら刺しましょう。

How to make — p.66

春の花を集めて
Spring flowers

チューリップにスイセン、
ヒヤシンス、スズラン、ムスカリ……。
早春の庭に咲く花をステッチして
小さなパネルに仕立てました。
白×黄色に淡いブルーをさし色に。

How to make —— p.68

ヒヤシンスはフレンチノットステッチを緩めに刺して。外側は1回巻き、内側は2回巻きで高さを出すのがコツ。

スズランは芯入りのストレートステッチでふっくらと。春の陽気に誘われ、チョウチョも舞い込んで…。

ミモザとチューリップのサンプラー
Mimosa and Tulip sampler

ピンクのチューリップにミモザを添えて、ブーケにしました。
スカラップ模様を円状にあしらったら、まるでドイリーのよう。
刺しゅう枠にはめて、そのまま飾るのもおすすめです。

How to make — p.67

リーフモチーフの
ミニトート
Leaf motif tote bag

シンプルなトートバッグに小さな葉っぱのモチーフを
ワンポイントで刺しました。同じグリーンでも
リボンの色をちょっとずつ変えると、表情豊かに。

How to make —— p.70

リーフガーデンのサンプラー
Leaf garden sampler

葉っぱのモチーフをいろいろなステッチで刺してみたら、まるで植物標本のよう。
同じステッチでも、リボンの幅や素材を変えると違った雰囲気に見えるから不思議です。

How to make ― p.70

スズランのハートリース
Lily of the valley heart wreath

ヨーロッパでは幸運のシンボルとして、古くから親しまれてきたスズラン。コロンとした形とうつむきがちに咲く控えめな花姿が印象的です。そんなスズランの花にリボンを添えてハート形のリースに仕上げました。

How to make ── p.73

マーガレットの巾着ポーチ
Margaret drawstring pouch

清楚で素朴なイメージのマーガレットは
少ないステッチで完成できる
初心者さんにおすすめのモチーフ。
前面は大小の花をつないでリース状に、
後ろ面にはワンポイントで刺しました。

How to make — p.74

花びらはストレートステッチ、
花芯はフレンチノットステッチ。
花びらは外側から中心に向かっ
て刺すのが、バランスよく刺す
コツ。花びらの数を変えれば、
いろいろな花にアレンジが可能。

ワイルドストロベリーのミニフレーム
Wild strawberry mini frame

赤く色づいた小さな実を探すのが、庭仕事のひそかな楽しみ。
刺しゅう枠をフレーム代わりに。ストライプの布に刺したり
周囲にドット模様をステッチしたりと、アレンジを楽しんで。

How to make — p.76

ワイルドストロベリーのくるみボタン
Wild strawberry covered buttons

イチゴの実と花をステッチして、くるみボタンに。
布の色を変えるだけで印象が変わります。
ワンポイントに使いやすいモチーフです。

How to make — p.77

スワンとフラミンゴのブローチ
Swan and Flamingo brooch

片足で立つ姿がユニークなフラミンゴと
水辺を優雅に泳ぐスワンをブローチに。
フラミンゴの胴体はギャザードステッチで、
スワンはレイジーデイジーステッチに
ストレートステッチを重ねて刺します。

How to make — p.80

フラワーバスケットのサンプラー
Flower basket sampler

バスケットいっぱいに花を摘んだ帰り道、
青い鳥がどこからともなくやってきて、やさしく歌い始めました。
メッセージカードやカルトナージュに仕立てても素敵です。

How to make — p.78

スワンとフラミンゴの シークレットガーデン
Secret garden for Swan and Flamingo

p.26に登場したスワンとフラミンゴが
森の奥で仲よくおしゃべり――。そんなシーンを
思い浮かべながらステッチしました。
パステルカラーでまとめると、やさしい雰囲気に。

How to make ― p.81

コーナーにあしらった小花は、p.23
のマーガレットと同じ刺し方。花びら
の数を変えるだけで、アレンジが可能。

短めに刺したループステッチの中心
をフレンチノットステッチで縫いと
めるだけ。刺し方はp.38を参照。

私の好きな花図鑑
My favourite flowers

リアルな花から空想上の花まで、リボン刺しゅうで表現できる花はまだまだたくさんあります。
「このステッチで何ができるかな?」と想像をふくらませるのも楽しみのひとつです。

アジサイにアサガオ、ビオラにマーガレットにテントウムシ……。季節の移ろいを感じさせてくれる
小さな花のモチーフが、みなさまにとって、はじめの一歩となりますように──。

How to make ─ p.83

Basics and Lessons
リボン刺しゅうの基本とレッスン

リボン刺しゅうを楽しむために必要な、

道具について

使いやすい道具があると作業がスムーズになり、仕上がりにも差が出ます。ここでは最小限そろえておきたい基本の道具を紹介します。

ⓐⓑⓒ リボン刺しゅう ステッチ針〈細タイプセット・太タイプセット・ニット地用セット〉
針穴が大きく、先のとがったリボン刺しゅう専用針。ニットに刺す場合は、先がまるくなったニット用の針を準備して。

ⓓ フランス刺しゅう針 No.3〜9 取合せ
25番刺しゅう糸で刺すときに使用。

ⓔ エンブロイダリースレダー
リボンや糸を傷めることなく、スムーズに針に通すことができる便利グッズ。

ⓕ 水性チャコペン〈青 細〉
布に図案を写すときに使用。水で消えるタイプのものがおすすめ。

ⓖ 刺しゅう枠
布をピンと張って、刺しゅうをしやすくするための枠。図案に合わせてサイズを選んで。

ⓗ 糸切りバサミ
リボンや糸を切るときに。小ぶりで切れ味のいい、刺しゅう用のハサミがあると重宝。

ⓘ 丸ヤットコ
リボンの向きや形を整えるときに使用。なるべく先の細いものを選んで。

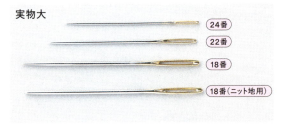

実物大 / 24番 / 22番 / 18番 / 18番（ニット地用）

リボン刺しゅう用の針について

針の太さはステッチやリボンの幅、布の厚さによって使い分けを。よく使うのは〈細タイプセット〉の22番と24番で、3.5mm幅リボンは24番、7mm幅リボンには22番の針を使用。〈太タイプセット〉の18番はランニングローズステッチを刺す際、針が抜けにくい場合に使用。ニットに刺すときは針先で糸を割らないよう、〈ニット地用セット〉の18番を使って。

図案を写すための道具

透けにくい布や濃い色の布に図案を写したいときのために、一式そろえておくと重宝。使い方はp.34を参考に。

ⓙ クロバーチャコピー 刺しゅう用〈片面・白＆紫セット〉
水で消せる刺しゅう用の複写紙。布の色に合わせて色を選んで。

ⓚ トレーシングペーパー
本から図案を写しとるときに使う、透ける薄い紙。

ⓛ セロハン
図案を布に写すときに使用。図案の上に重ねると滑りがよくなり、図案を保護する役目も。

ⓜ マスキングテープ
布に図案を写す際、ずれないように固定する。

ⓝ トレーサー〈鉄筆タイプ〉
図案をなぞって布に写すときに使用。細くてきれいな線が写せる。

道具提供／h・i・k・l・n
以外すべてクロバー

道具や材料をご紹介。p.36からは、基本的なステッチの刺し方をプロセス写真つきで詳しく解説していきます。

リボンについて

刺しゅう用リボンとして販売されている、薄くて光沢のあるリボンを使います。
いろいろな幅や素材のリボンを組み合わせることで、表情豊かに。
この本ではすべての作品に、MOKUBAエンブロイダリーリボンを使用しています。

- ⓐ **No.1540-3.5mm幅**
  色数が多く、最も多く使われる。全100色。
- ⓑ **No.1542(3.5mm幅)**
  グラデーションタイプのリボン。全16色。
- ⓒ **No.1540-7mm幅**
  ボリュームを出したいときに。全51色。
- ⓓ **No.1547(4mm幅)**
  上品な光沢が魅力のシルクリボン。全60色。
- ⓔ **No.1500(5mm幅)**
  オーガンジーリボン。全32色。
- ⓕ **No.1513(約9mm幅)**
  ガーゼ素材のリボン。全23色。

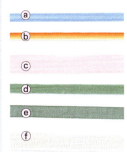

※リボンの折り目が気になるときは、低温アイロンを軽くかけて伸ばしてから使用しましょう。

刺しゅう糸について

刺しゅう糸を補助的に使用することで、リボンが引き立ち、
デザインの幅が広がります。この本では、DMC刺しゅう糸を使用しています。

- ⓐ **25番刺しゅう糸**
  6本の細い木綿糸を緩く撚り合わせた糸で、指定の本数を1本ずつ引き抜き、引きそろえて使う。全500色。
- ⓑ **ライトエフェクト糸**
  メタリックカラーの25番刺しゅう糸。全36色。

布について

目が詰まりすぎず、粗すぎない、平織のコットン(木綿)がおすすめ。目が粗すぎると、リボンがふんわり広がらないので、適度に目の詰まったものを選んで。

- ⓐ **シーチング**
  ほどよく目が詰まっていて、針通りがなめらかなコットンの布。サンプラーや刺しゅう枠に入れて飾る作品におすすめ。
- ⓑ **オックス**
  シーチングよりも厚手で、しっかりとした風合い。小物に仕立てるときなどに使用。

図案の写し方

布(表)

図案

図案の上に布を重ね、チャコペンでなぞって直接写します。図案が見えづらいときは、窓ガラスに当てて透かしたり、ライトテーブルを使ったりするのもおすすめです。刺しゅう枠をそのままフレーム代わりに使う場合など、円形の作品に仕立てる場合は、図案に対して布をバイアスにすると織り目が気にならず、刺し上がりがきれいに。一方、パネルや小物に仕立てる場合は、縦地の方向に布目を合わせます。

濃い色の布に写したいときは…

透けにくい布や濃い色の布に図案を写したいときは、刺しゅう用複写紙を使います。布の上に図案をのせてマスキングテープで固定し、刺しゅう用複写紙のインク面を下にして、布と図案の間に挟みます。セロハンを重ねてトレーサーで図案をなぞり、全ての図案が写せたことを確認してからマスキングテープをはずしましょう。

セロハンを重ねる

布(表)

図案(下に刺しゅう用複写紙を挟む)

刺しゅう枠の使い方

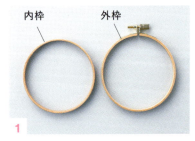

内枠　外枠

1 外枠のネジを緩めて内枠をはずす。

2 内枠に布を重ね、図案が中心にくるように位置を整える。上から外枠を垂直にはめる。

3 ネジを少し締め、布を縦、横、斜めに引っぱる。各方向に均一にテンションがかかるように整える。

4 布がピンと張った状態でネジを締める。金具の位置を上にしておくと、リボンが引っかかりにくい。

> **ワンポイントアドバイス**
>
> ### 刺し始めと刺し終わりは、裏にも気を配って
>
> 刺しゅうをしているうちに裏面がどんどん込み合ってきます。ステッチを刺し始める際、先に刺したリボンの端や玉結びに針を刺してしまうと、せっかくふんわり刺したステッチが裏に引き込まれて、形がくずれてしまうので要注意。刺し終わりの始末をする際も、表にひびかないよう、リボンの引き加減に気をつけましょう。

リボンの通し方

1
針穴にリボンを通す。

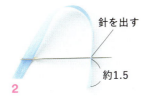
針を出す
約1.5
2
リボンの端から約1.5cmの位置に針を刺す。

3
2で針を刺した短いほうのリボンを針穴の位置までスライドさせる。

4
長いほうのリボンをゆっくり引いて、針穴にリボンを固定する。

刺し始め

※本書では、特に指定がない場合、玉結びをしてから刺し始めます。

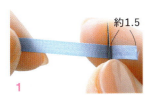
約1.5
1
リボンの端から約1.5cmの位置に針先を当てる。

2
長いほうのリボンを矢印のように手前から奥に向かって針に巻く。

3
2で針にかけたリボンの根元を指で軽く押さえながら針を抜く。

0.5〜0.7
4
リボンを最後まで引けば、玉結びが完成。リボンの端を0.5〜0.7cm残してカットする。

刺し終わり

※ステッチをしっかり固定したいときは **a** の玉どめを。それ以外はなるべく表にひびかないよう、**b** の方法で始末しましょう。

a 裏でそっと玉どめをする

（裏）
1
リボンの根元に針を置き、針を指で押さえて固定する。

（裏）
2
針にリボンを1〜2回巻きつける。

（裏）
3
巻いたリボンが緩まないよう、指で軽く押さえながらそっと針を抜く。

（裏）
0.5〜0.7
4
表にひびかないよう、リボンの引き加減に注意しながら最後までリボンを引く。リボンの端を0.5〜0.7cm残してカットする。

b 裏に渡ったリボンに絡める

（裏）
1
表にひびかないよう、リボンの引き加減に注意しながら、裏に渡ったリボンに針をランダムな方向に2〜3回くぐらせる。

（裏）
2
リボンの端を0.5〜0.7cm残してカットする。

ワンポイントアドバイス

刺し終えたら形を整えましょう

刺し上がったら、丸ヤットコを使ってリボンがふんわりするように形を整えます。刺している途中、リボンが思い通りの向きにならないときや、リボンの幅を広げてふんわりさせたいときにも丸ヤットコがあると便利です。

| リボン刺しゅうのステッチの刺し方 | この本に登場する、リボン刺しゅうのステッチを紹介します。リボンの扱い方やふんわり仕上げるコツも、ぜひ一緒に覚えてください。

【 ストレートステッチ 】 葉や花びらをはじめ、応用範囲が広い基本のステッチ。

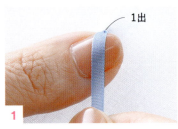

1 1から針を出し、リボンを引き出す。リボンを親指にかけて広げ、形を整える。

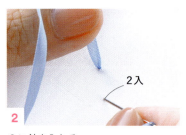

2 2に針を入れる。

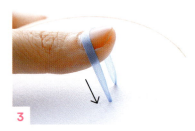

3 リボンを左手の親指にかけ、ねじれないように注意しながらゆっくりと引いていく。

4 引きすぎるとリボンが細くなるので、様子をみながらふっくら刺すのがポイント。

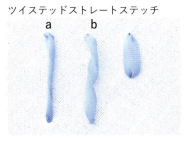

ツイステッドストレートステッチ
a　b

リボンに撚りをかけるとひと味違った表情に。強めに撚りをかけるとaに、緩めに撚りをかけるとbに。

【 芯入りストレートステッチ 】 花やフルーツ、スイーツなど、立体感を出したいときに。

1 フレンチノットステッチ（p.40参照）を緩めに刺す。

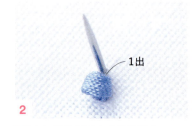

2 1の少し外側（1）から針を出す。

3 リボンの幅を整え、フレンチノットステッチの少し外側（2）に針を入れる。

4

横から見ると…

フレンチノットステッチをふんわりくるむように、ゆっくりとリボンを引く。芯の大きさや個数により、リボンを刺し重ねる回数を変える。

【リボンステッチ】

リボン刺しゅう特有のステッチ。葉先をとがらせて表情をつけたいときなどに。

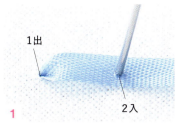

1 1から針を出してリボンを引き出し、幅を整える。リボンの幅の中央（2）に針を入れる。

2 端にできたループが小さくなるまで、ゆっくりリボンを引いていく。

3 ループが小さく残った状態で、リボンを引くのをいったんストップする。

4 様子をみながら少しずつリボンを引き、端をくるんとカールさせる。

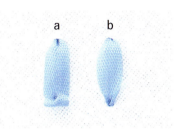

aは3でストップしたもの。刺したい図案に合わせてaとbを使い分ける。

カーブさせたいとき

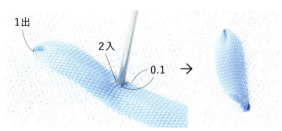

2で針を入れる位置を左右にずらすと、カールの向きを変えて少しカーブしたような形になる。

葉や花びらに表情をつけたり、カットイチゴ（p.47参照）のように曲線を表現したいときなどに。

【スプリットステッチ】

線を刺すときに。オレンジの皮（p.10）やホイップクリーム（p.13）に使用。

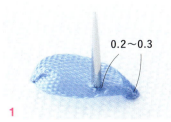

1 リボンステッチを1つ刺し、返し縫いの要領で端から0.2〜0.3cm戻った所から針を出す。

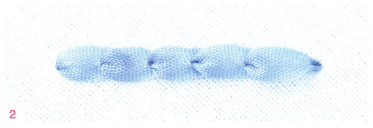

2 リボンを静かに引き出し、同様に続けて刺す。ステッチの幅をそろえて刺すのがポイント。

【アウトラインステッチ】

線状に刺すステッチで、撚りをかけることで表情が変わる。bはアルファベットやバスケットの持ち手など、カーブを刺したいときに。

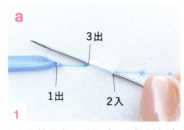

a 1

1から針を出してリボンの幅を広げ、2に針を入れて3から出す。リボンは左によけておくと刺しやすい。

2

リボンを親指にかけ、ねじれないように注意しながらゆっくりとリボンを引く。

3

1針刺すたびにリボンを広げ、形を整えながら1・2を繰り返す。布に等間隔（ここでは0.7cm）に印をつけておくときれいに刺せる。

b 1

1から針を出してリボンを引き出したら、針を一方向にくるくる回してリボンに強めに撚りをかける。

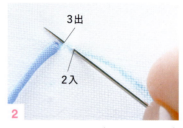

2

なるべく小さな針目（ここでは0.2cm）で、2に針を入れて3から出す。リボンは左によけておくと刺しやすい。

3

1・2を繰り返す。

【ループステッチ】

aは蝶結びのリボン、bは花びらを刺すときなどに。小さく刺せば小花にも（c）。

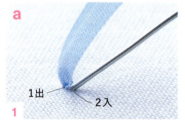

a 1

1から針を出し、リボンがねじれないよう平らな状態をキープしたまま2に針を入れる。1と2は1針分離す。

2

リボンを指にかけ（アウトラインステッチの2参照）、ねじれないように注意しながら、図案の長さになるまでゆっくりとリボンを引く。

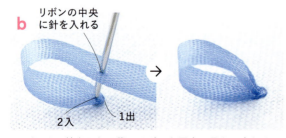

b

aの1の2で針を入れる際、リボンを図案の長さに合わせて二つ折りにし、リボンの中央と根元に針を入れる。aの2と同様にリボンを引き、ループを固定する。

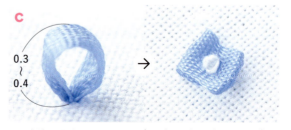

c

aの方法で長さ0.3～0.4cm（リボンの幅の半分の長さ）のループを刺す。根元を割って平らにつぶし、中心を25番刺しゅう糸のフレンチノットステッチ（ここでは3本どり・1回巻き）でとめる。

【レイジーデイジーステッチ】 葉やつぼみなど、先はとがらせて、ふっくらとした形を表現したいときに。

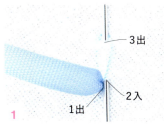

1 1から針を出し、リボンを左によけて1のすぐ隣（2）に針を入れ、3から出す。針目の長さはリボンの幅の2倍を目安に。

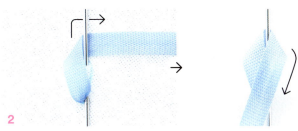

2 リボンを広げ、平らな状態をキープしたまま、着物の衿を合わせるようなイメージで、折りたたむように針にリボンをかける。

3 リボンを親指にかけ、ねじれないように注意しながらゆっくりとリボンを引いていく。

4 2の形をキープしながら、輪が小さくなるまでリボンを進行方向にゆっくりと引く。

5 4の輪の少し外側（4）に針を入れる。リボンの幅を生かし、ふんわり刺すのがコツ。

【チェーンステッチ】 線を刺すときに。ホイップクリーム（p.13）に使用。

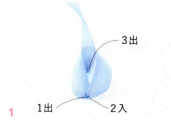

1 レイジーデイジーステッチの1〜4を参照し、1〜3の順に刺す。

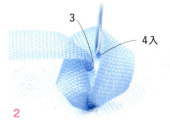

2 リボンを左によけ、3のすぐそば（4）に針を入れる。

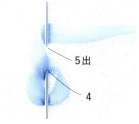

3 レイジーデイジーステッチの1・2を参照して1針すくい、針にリボンをかける。下から上に向かって縦に刺し進めると刺しやすい。

4 2・3を繰り返し、鎖状に続けて刺す。リボンの幅を生かし、ふんわり刺すのがコツ。

【 フレンチノットステッチ 】 花芯やドットなど、点を表現したいときに。応用範囲の広いステッチ。

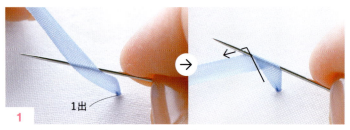

1 1から針を出し、リボンを引き出す。手前から奥に向かって、矢印のように針にリボンをかける。
※指定がない場合、すべて1回巻き

2 左手でリボンを持ったまま、1の1で針を出したすぐそば（2）に針を入れ、ゆっくりと下に引き抜く。

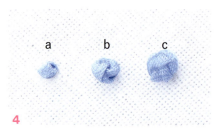

3 表にできたループを左手に持ち、両手で引き合うようにしながら、結び目をゆっくりと引き締める。

4 リボンの幅や引き加減によって大きさが変わる。aは3.5cm幅のリボンできつめに刺したもの。bは3.5cm幅のリボンで緩めに刺したもの。cは7mm幅のリボンで緩めに刺したもの。

【 ボタンホールステッチ 】 円状に連続して刺すことで、立体感のある花が表現できる（p.30右上）。

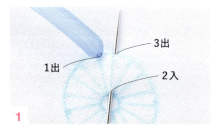

1 リボンを約60cmにカットする（途中で足りなくならないよう、少し長めに準備する）。1から針を出し、1つ右隣のラインの下（2）に針を入れ、上（3）から針を出す。

2 レイジーデイジーステッチ（p.39参照）の**2**を参照し、平らな状態をキープしたまま針にリボンをかける。

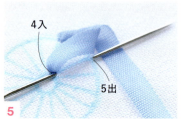

3 表にできた輪を親指にかけ、リボンがねじれないように注意しながら、ゆっくりとリボンを引いていく。

4 3で親指にかけた輪が小さくなるまでリボンを引く。リボンを引きすぎないように注意して、ふんわり刺すのがポイント。

5 1と同様に、1つ右隣のラインの下（4）に針を入れ、上（5）から針を出す。

6

2〜5と同様に、ぐるりと1周刺す。刺し終わりは刺し始めの位置（**1**の3）のすぐそばの、表からは見えない位置に針を入れる。

7

引き加減が均一になるように注意しながら、縁がふんわりするように刺すのがポイント。

【 バスケットステッチ 】 面を刺したいときに。バスケットを表現するのに、まさにぴったり。

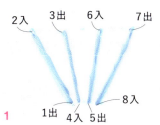
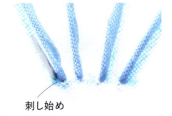

1

リボンに緩く撚りをかけ、ストレートステッチを4本刺す。玉結びをして刺し始め、刺し終わりは裏でそっと玉どめをする。

2

リボンを約65cmにカットし（途中で足りなくならないよう、少し長めに準備する）、玉結びをして**1**の1のすぐ外側から針を出す（刺し始め）。

3

リボンに撚りをかけ、**1**で刺したストレートステッチに、上下交互に針をくぐらせる。

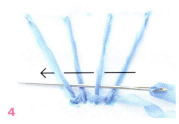

4

次の段では、前段とは逆になるように針をくぐらせる。リボンを引く際は、両端に少し余裕を持たせておく。

5

前段との隙間があかないよう、ときどき針先で整えながら、目を詰める。

6

一定の引き加減で往復しながら、すべての面を刺し埋める。

7

上段の左端まできたら、**1**の2のすぐ外側に針を入れる（刺し終わり）。

8

リボンに撚りをかけることで、本物のバスケットのような雰囲気に。

【ギャザードステッチ】

フリル状の花や、ポンポン状の立体的なモチーフを刺したいときに。形の整え方を少し変えるだけで、2つの表情が楽しめます。

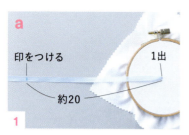

1
7mm幅のリボンを長さ約40cmにカットする。玉結びをして1から針を出し、約20cmの位置に印をつける。針はつけたままにしておく。

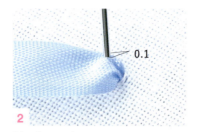

2
別の針にリボンと同系色の25番刺しゅう糸を2本どりにして通し、玉結びをする。布の裏から1のすぐそばに針を入れ、リボンの根元近くの、端から0.1cm内側に針を出す。

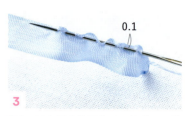

3
1でつけた印の位置まで、リボンの端から0.1cm内側を0.2～0.3cmの針目でぐし縫いする。

4
糸をゆっくり引きながらギャザーを寄せていくと、リボンがフリル状になる。

5
さらに糸を引き、ぐし縫いした側が中心になるように円形に形を整える。

6
刺し始めの位置のすぐそばに針を入れ、刺しゅう糸とリボンをそれぞれ裏で玉どめする。

7
フリル状になったリボンと布が接している部分を、リボンと同色の25番刺しゅう糸1本どりで、小さな針目で縫いとめる。

8
7と同様に、2～3カ所を縫いとめる。

1
aの1～4と同様に、7mm幅のリボンにギャザーを寄せ、フリルの向きがランダムになるよう前後にねじって∞の形に整える。

2
さらに糸を引いて球状に形を整え、aの7・8と同様に2～3カ所を縫いとめる。フリルの向きをランダムにすることでボリュームがアップし、aとは違った表情に。

【ランニングローズステッチ】

バラの花を表現するのにぴったりなステッチ。針を刺す位置によって花の形が変わります。

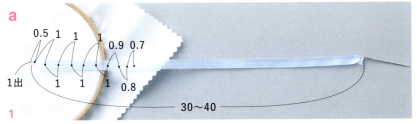

1 7mm幅のリボンを長さ約40cmにカットし、玉結びをして1から針を出す。慣れないうちは、写真のように印をつけておくと刺しやすい。18番の針を使用すると、針通りがスムーズ。

2 リボンを引き出した位置（1）から10〜12cmの位置を左手で持ち、手前から奥に向かって針にリボンをかける。

3 針にリボンをかけたまま、1でつけた印に針を入れ、ランニングステッチの要領でリボンの中央をぐし縫いする。

4 0.7→0.8→0.9cmと徐々に針目を大きくしていき、5針めからは1cm間隔で蛇腹状に縫う。根元までできたら1のすぐ隣（2）に針を入れる。

5 針を裏に引き出し、表にできたループを左手の指にかけ、両手で引き合うようにしながらリボンをしっかり引き締める。

6 グラグラしないように裏でしっかり玉どめをし、リボンの端を0.8cm残してカットする。

7 中心にできた結び目をつまみ、折りたたんだリボンを左右にずらして形を整える。

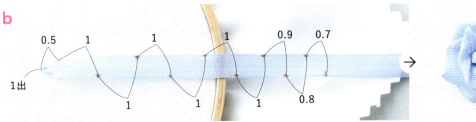

b aの1でリボンに印をつける際、ジグザグになるように印をつけ、リボンの端から0.1cm内側をぐし縫いする。

よりやさしい表情になり、本物のバラのような雰囲気に仕上がる。

【 スパイダーウェブローズステッチ 】 より立体的で、ふっくらとしたバラを刺したいときに。

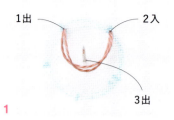

1
リボンと同系色の25番刺しゅう糸2本どりで柱を刺す。円を描き（でき上がりサイズの目安）、5カ所に印をつける。1から針を出し、2に入れ、中心（3）から針を出す。

2
1でできた輪に針を通し、4に針を入れる。

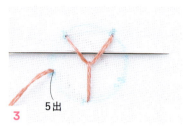

3
5から針を出し、上の2本の柱の下に針をくぐらせる。

4
6に針を入れる。リボンを通すときつくなるので、柱は少し緩めに刺しておくのがポイント。

5
7mm幅のリボンを長さ30～40cmにカットする。玉結びをして中心の近くから針を出す。

6
針を一方向にくるくる回してリボンに緩く撚りをかける。

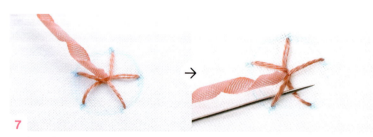

7
リボンを左によけ、1本おきに柱の下に針をくぐらせる。

8
リボンを引きすぎないように注意しながら、1本おきに柱の下に針をくぐらせ、好みの大きさになるまで一方向に刺し進める。

9
途中で色を変える場合は、リボンが柱の上を通るタイミングでステッチの下に針を入れ、裏でそっと玉どめをする。

10
リボンの色を変え、長さ約60cmにカットする。玉結びをして9で針を入れた位置のすぐそば（ステッチのきわ）から針を出す。

11
7・8と同様に、印の大きさになるまで刺し進める。刺し終わりは9と同様に、ステッチの下に針を入れ、裏でそっと玉どめをする。

【オールドローズステッチ】 オールドローズを表現するためのステッチ。

1
7mm幅のリボンを長さ約30cmにカットする。玉結びをして、印の中心から針を出す。

2
フレンチノットステッチを緩めに刺す。

3
フレンチノットステッチの0.1cm下から針を出す（針を出す位置をわかりやすく説明するため、写真は左斜め上から見た状態）。

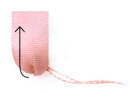

4
リボンをすべて引き出し、リボンを広げて形を整える。

5
別の針にリボンと同色の25番刺しゅう糸を2本どりにして通し、玉結びをする。4で引き出したリボンの根元の右隣から針を刺す。

6
フレンチノットステッチにかぶせるように、リボンを上に折り上げる。

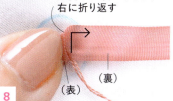

7
リボンの右端を指でつまみ、手前から右奥に向かって斜めにひねり、リボンを右に折り返す。

8
7で折ったリボンをフレンチノットステッチにかぶせ、指で押さえる。

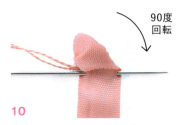

9
6で折ったリボンの右端のきわを刺しゅう糸で1針すくい、リボンを布に固定する。

10
針を刺したまま、9を時計回りに90度回転させる。この状態から再び7〜9と同様にリボンを折り、指でしっかり押さえながら針を抜き、リボンの右端のきわを1針すくう。

11
4回めの針を刺し終えたところ。前に折ったリボンと角をそろえ、正方形になるようにていねいにリボンを折るのがポイント。

[オールドローズステッチ]

12
5回目の針を刺したら、リボンに緩く撚りをかける。

13
針が刺してある辺の、1つ先の辺（ここでは上辺）の中央のきわに、リボンがついているほうの針を入れる。

14
リボンをゆっくり引きながら、三角になるように形を整え、裏でそっと玉どめをする。

15
リボンの色を変え、長さ約50cmにカットする。玉結びをして、14で針を刺している辺の中央のきわから針を出す。

16
新しいリボンを引き出したら、時計回りに90度回転させる。

17
7〜8と同様にリボンを三角に折り上げる。リボンの重なりが多くなると、最初は四角だったステッチがだんだん丸みを帯びてくる。

18
17の針を抜き、折り上げたリボンに針を刺したところ。

19
10回を目安に、好みの大きさになるまで17・18を繰り返す。丸みを帯びてきたら、花びらの重なり方をバランスをみて整えながら縫いとめていく。

20
刺し終わりは12・13と同様に、リボンに緩く撚りをかけ、リボンを始末する。1つ先の花びらの中央のきわに針を入れる。

21
リボンの始末を終えたところ。リボンをゆっくり引きながら、リボンをねじって形をふんわり整え、裏でそっと玉どめをする。

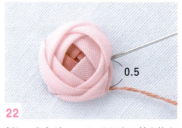

22
刺しゅう糸がついているほうの針を抜き、さらに0.5cm先の、ステッチに隠れる位置に針を入れ、裏で玉どめをする。

23
コロンとした形が愛らしいオールドローズステッチ。最初はうまくいかなくても、コツがつかめるまで何度か刺してみて！

ワンポイントレッスン

ステッチをいくつか組み合わせたり、針を刺す位置やリボンの引き加減を変えたり……。
ほんの少し工夫するだけでアレンジの幅は広がります。
この本に登場するモチーフを実際に刺しながら、リボン刺しゅうのコツを覚えましょう。

Lesson 1　カットイチゴ　　　　　　　　　　　　　　　　p.10、12

1
単色のリボンで、中央にストレートステッチ（p.36参照）を上から下に向かって刺す。

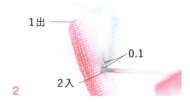

2
グラデーションリボンの濃い色が外側になるように向きを整え、リボンステッチ（p.37参照）を刺す。リボンの右端に針を入れる。

3
ゆっくりとリボンを引いて、リボンステッチを完成させる。リボンの外側がくるんとカールした状態に。

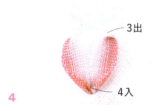

4
反対側にもリボンステッチを左右対称に刺す。中央の単色リボンは、グラデーションリボンの淡い色と同系色を選ぶのがポイント。

5
ヘタはグリーン系の単色リボンで。リボンステッチを下から上に向かって小さく刺す。

6
25番刺しゅう糸1本どりで、中央にストレートステッチを刺す。

Lesson 2　リボン　　　　　　　　　　　　　　　　p.19

1
リボンを約40cmにカットし、ループステッチa（p.38参照）を左右対称に、同じ長さで刺す。

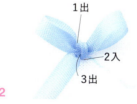

2
1のループステッチの間に、ストレートステッチを短めに刺し、ループステッチとストレートステッチの間からリボンを引き出す（3）。

3
別の針に通しておいた同系色の25番刺しゅう糸（1本どり）で、リボンの中央を小さく縫いとめる。

4
印に沿って、リボンをふんわりと折り返す。

5
3と同様に、25番刺しゅう糸1本どりでリボンの中央を小さく縫いとめ、折り返す。リボンの端の部分はリボンステッチ（p.37の**3**）参照。

6
もう一方も2〜5と同様に、左右対称に刺す。

Lesson 3　アサガオ　　　　　　　　　　　　　　　　　　　p.30

1
直径約0.8cmの円を描き（でき上がりサイズの目安）、5カ所に印をつける。1から針を出し、グラデーションリボンの濃い色が外側（右側）になるように向きを整える。

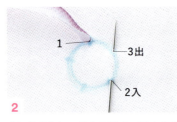

2
2に針を入れ、3から出す。アウトラインステッチ（p.38参照）で、1針ずつ返しながら刺し進める。

3
リボンを左手の親指にかけ、ねじれないように注意しながらゆっくりと引いていく。

4
1本めのアウトラインステッチを刺し終えたところ。リボンが細くならないよう、幅を整える。

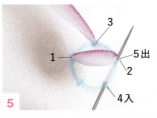

5
2本めを刺す。5は2と同じ穴ではなく、織り糸1〜2本分あけて刺す。

6
2本めを刺し終えたところ。リボンは常に平らな状態をキープし、濃い色が外側になるように、1針ごとにリボンの向きを整える。

7
同様に5・6を繰り返す。4本めを刺し終えたところ。

8
5本めは、最初に刺したステッチの下に針を入れ、3のすぐそばに針を入れる。

9
形を整え、裏に渡ったリボンに針を数回通してからカットする。リボンを強く引きすぎると表にひびくので、引き加減に注意して。

Lesson 4　ホイップクリーム　　　　　　　　　　　　　　p12-13

1
ストレートステッチ（p.36参照）をV字状に2本、ふんわりと刺す。

2
1より少し長めに、リボンステッチb（p.37参照）を2本、ふんわりと刺す。

3
中央に長めのリボンステッチを刺す。真ん中がいちばん高くなるように、ふんわりと刺す。

4
3で刺したリボンステッチの上に、25番刺しゅう糸1本どりでストレートステッチを刺す。

How to make
図案と作品の作り方

図案の見方と注意点

・図中で、特に指定のない数字の単位はcmです。

・Sはステッチの略。

・本書では、MOKUBAエンブロイダリーリボンとDMC25番刺しゅう糸を使用しています。図案中では、リボン刺しゅうの場合はステッチ名、品番と幅、色番号の順に表記しています。品番を省略している場合は、色番号のあとに幅を表記しています。

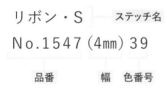

25番刺しゅう糸で刺すステッチには、ステッチ名の前に★をつけ、ステッチ名、糸の本数、色番号の順に表記しています。

・図案はあくまでも目安です。リボンの引き加減やステッチの大きさによって、刺しているうちにずれてくることがありますので、そのつどバランスをみながら刺す位置を調整しましょう。

・下記の記号は「リボンステッチ」の刺し始めと刺し終わりの位置を示しています。

・刺しゅうをする際、先に刺したリボンに針を刺してしまうと、一緒に引き込まれてステッチがつれたり細くなったりすることがあります。他のリボンに針を刺さないよう、裏側も気にしながらステッチしましょう。

ウェルカムボード

p.6

●でき上がりサイズ（内径）
約縦14.5×横22.5cm

リボン	No.1540-3.5mm　濃ブルー（204）、ブルー（214）、薄ブルー（241）、グリーン（366）、濃グリーン（379）、薄黄色（386）、濃黄色（445） No.1547（4mm）　薄グリーン（33） No.1540-7mm　薄ピンク（002）、赤（048）、ピンク（095）
25番刺しゅう糸	ECRU、ピンク（818）、薄グリーン（3053）、茶色（3790）
その他	シーチング　白　35×30cm 薄手キルト芯　30×20cm 刺しゅう枠（横オーバル形）　約縦14.5×横22.5cm

[刺し方のポイント]

25番刺しゅう糸でスカラップ模様の外枠と文字を刺してから、
リボン刺しゅうを刺す。

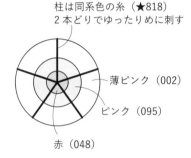

〈バラ（大）〉
スパイダー
ウェブローズ・Sを
色を変えながら刺す

柱は同系色の糸（★818）
2本どりでゆったりめに刺す

薄ピンク（002）
ピンク（095）
赤（048）

〈小花〉
フレンチノット・Sを
刺してから、
ストレート・Sを
中心から外側に向かって
ふっくらと刺す

フレンチノット・S
ストレート・S

〈バラ（小）〉
スパイダー
ウェブローズ・Sを
色を変えながら刺す

薄ピンク（002）
ピンク（095）

〈文字〉
実際に文字を描くように
一方向に刺す

刺し始め　　　刺し終わり

Welcome

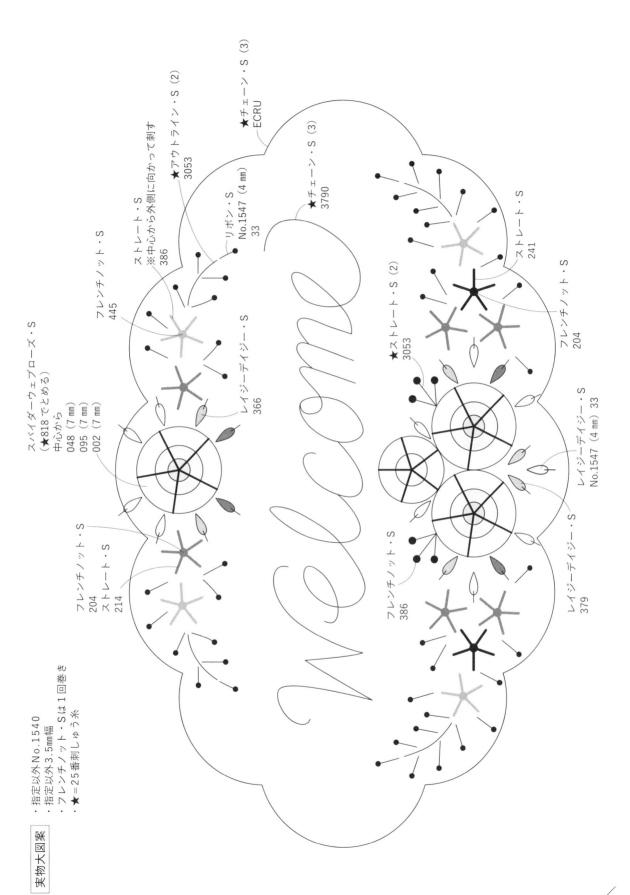

ローズガーデン

p.8

● でき上がりサイズ(内径)
　直径約15cm

リボン	No.1540-3.5mm　薄ピンク(002)、濃ピンク(013)、ピンク(063)、薄ブルー(293)、薄グリーン(356) No.1547(4mm)　グリーン(36)、濃グリーン(39) No.1540-7mm　薄ピンク(002)、濃ピンク(013)、ピンク(063)、薄グリーン(356)、白(558)
25番 刺しゅう糸	ECRU、ピンク(818)
その他	シーチング　白　30cm四方 薄手キルト芯　25cm四方 刺しゅう枠　直径約15cm

[刺し方のポイント]

スパイダーウェブローズ・Sは3.5mm、それ以外の花は7mm幅のリボンを使用。
葉は濃淡をつけながら、リボン・Sとレイジーデイジー・Sでふっくらと刺す。

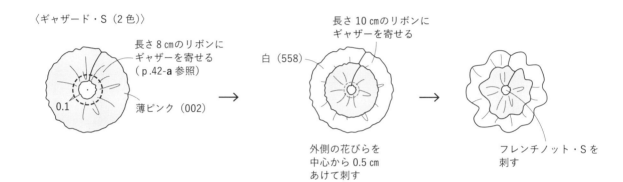

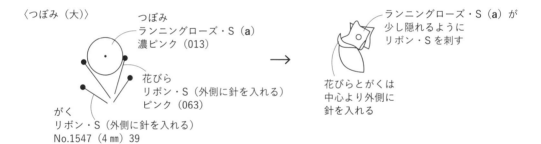

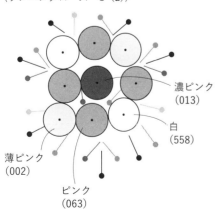

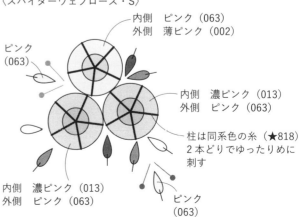

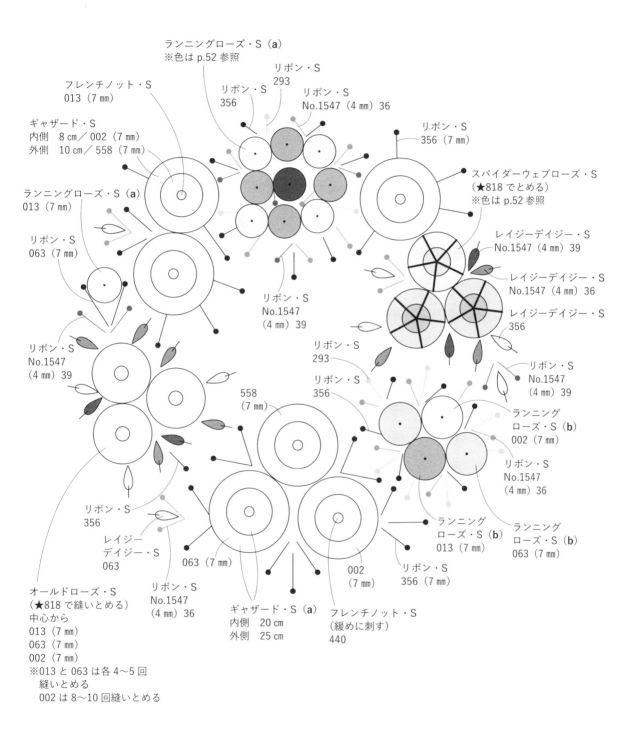

フルーツパーラー

p.10

● でき上がりサイズ
直径約12cm

リボン	No.1540-3.5mm　ピンク（002）、ネイビー（238）、薄黄色（386）、黄色（424）、濃黄色（445）、白（558） No.1547（4mm）　グリーン（33） No.1540-7mm　濃ピンク（095）、薄紫（163）、グリーン（364）、黄色（424）、濃黄色（445） No.1542（グラデーションリボン）　赤（2）、オレンジ（4）
25番 刺しゅう糸	ECRU、薄グリーン（523）、ピンク（760）、茶色（3790）
その他	シーチング　白　30cm四方 薄手キルト芯　20四方cm 刺しゅう枠　直径約12cm

刺し方のポイント

サクランボ、ブドウ、レモンなど、芯入りストレート・Sを刺すときは、枝や茎側から下に向かって刺す。オレンジとカットイチゴは、グラデーションリボンの濃い色が外側になるよう、向きを整えながら刺す。

〈オレンジ〉

①外側から中心に向かってリボン・Sを刺す

②中央にストレート・Sを刺す

③中央から外側に向かってスプリット・Sを刺す

※②③はグラデーションリボンの濃い色が外側になるようにリボンの向きを整えながら刺す

〈レモン〉

1回めより少し外側に刺す

フレンチノット・Sを緩めに大きめに刺し、ストレート・Sを2回重ねて刺す

〈キウイフルーツ〉

③❷の縁に★フレンチノット・Sを刺す

①ストレート・Sを2本刺し、その上にストレート・Sをもう1本重ねて刺す

②ストレート・Sを小さく1本刺す

〈イチゴ〉

②フレンチノット・Sを刺す

①ストレート・SをV字状に2本刺してから、中央にもう1本重ねて刺す

〈バナナ〉

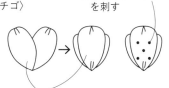

ストレート・S 386

①ストレート・Sを2本刺重ねて刺す

折り返すリボン・S 424

入
出

同系色の糸1本どりで縫いとめる

②リボン・Sを刺す途中、折り返す部分のきわを小さく縫いとめる

③❷に重なるようにリボン・Sをもう1本反対側に折り返して刺す

実物大図案
・指定以外 No.1540
・指定以外 3.5mm幅
・フレンチノット・Sは1回巻き
・リボン・Sは指定以外、中心から外側に向かって刺す
・★＝25番刺しゅう糸
・指定以外1本どり

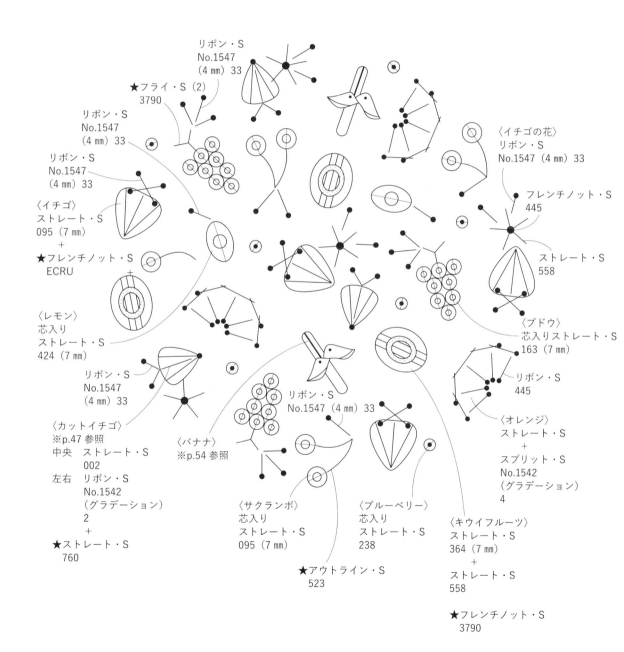

レモンとブドウのサシェ

p.11

●でき上がりサイズ
　各縦10×横6cm

リボン	No.1540-3.5mm　黄色（424）、白（558） No.1547（4mm）　グリーン（33） No.1540-7mm　紫（153）、薄紫（163）、黄色（424）
25番 刺しゅう糸	薄茶色（436）、薄グリーン（523）
その他 （1個分）	シーチング　レモン／薄黄色　ブドウ／薄紫　15×30cm シーチング　白　15×25cm 3cm幅サテンリボン　レモン／薄黄色　ブドウ／薄紫　30cm ポプリ　適宜

刺し方のポイント

ブドウの芯入りストレート・Sは、上から下に向かって縦に刺す。レモンの芯入りストレート・Sは、緩く大きめに刺したフレンチノット・Sに、ストレート・Sを2回重ねて刺す。

実物大図案

・指定以外No.1540
・指定以外3.5mm幅
・フレンチノット・Sは1回巻き
・リボン・Sは中心から外側に向かって刺す
・★＝25番刺しゅう糸

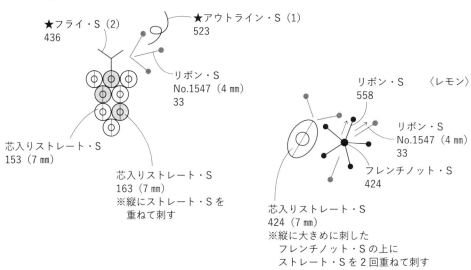

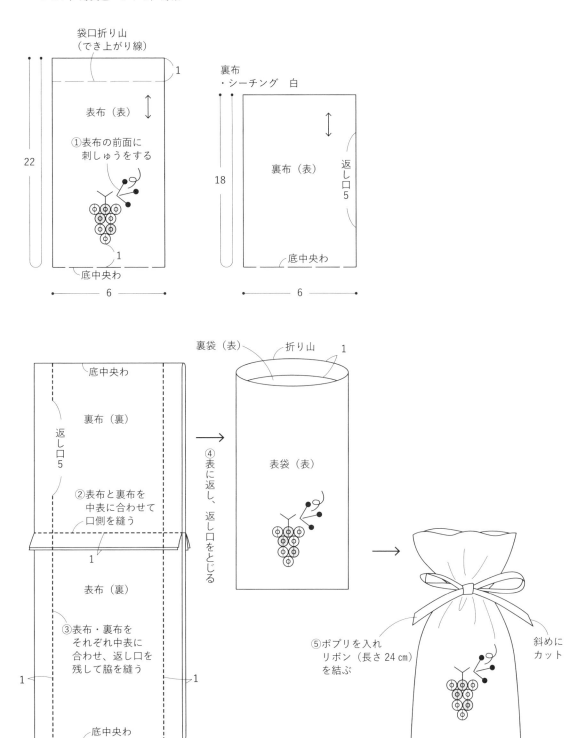

スイーツパーティ

p.12

● でき上がりサイズ（内径）
直径約15cm

リボン	No.1540-3.5mm　薄ピンク（002）、赤（048）、茶色（137）、 ブルー（214）、水色（241）、薄グリーン（356）、濃黄色（445）、白（558） No.1547（4mm）　グリーン（36） No.1540-7mm　薄ピンク（002）、水色（241）、グリーン（356）、 薄茶（465）、白（558） No.1542（グラデーションリボン）　赤（2）
25番 刺しゅう糸	ブルー（322）、グリーン（368）、黄色（725）、ピンク（760）、薄ピンク（818）、 ピンク（899）、水色（3325）、薄茶色（3782）、茶色（3790）、白（3865）、 ライトエフェクト ダークゴールド（E3852）
その他	シーチング　グレー　30cm四方 薄手キルト芯　25四方cm 刺しゅう枠　直径約15cm

刺し方のポイント

カップケーキaのクリーム部分は、1段めにスポンジケーキを刺し、2～4段めにクリームを、少しずつ長さを変えながら刺す。カップ部分のリボン・Sは下から上に向かって刺し、スポンジケーキを縫いとめる。

・指定以外 No.1540
・指定以外 3.5mm幅

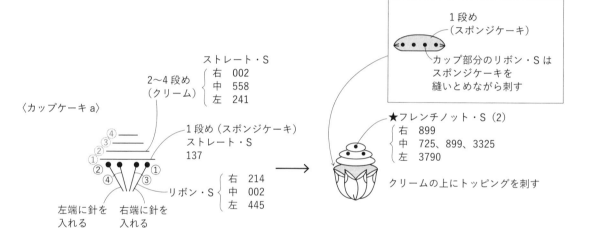

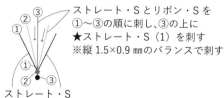

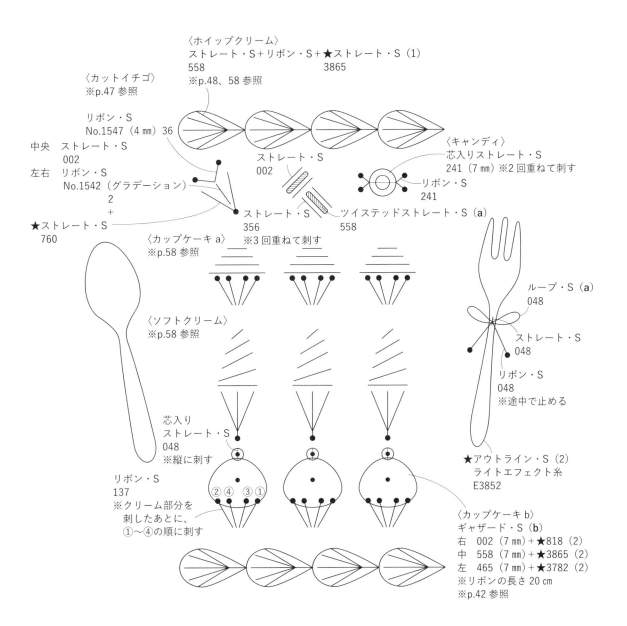

ホイップクリームのサンプラー

p.13

リボン	No.1540-3.5mm 白 (588)
	No.1540-7mm 白 (588)
25番刺しゅう糸	白 (3865)
その他	シーチング 水色 30×40cm

● でき上がりサイズ
実物大図案参照

刺し方のポイント

ツイステッドストレート・S（b）は、リボンに緩めに撚りをかけて、アウトライン・S（b）はきつめに撚りをかけて刺す。それ以外のステッチは、リボンがねじれないように幅を整えながら、ふんわりと刺す。

実物大図案
- 指定以外No.1540
- 指定以外3.5mm幅
- 色はすべて558
- フレンチノット・Sは1回巻き
- ★＝25番刺しゅう糸1本どり

スプリット・S（7mm）
※1cm間隔で刺す

スプリット・S
※0.5cm間隔で刺す

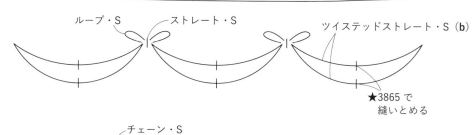

ループ・S　ストレート・S　ツイステッドストレート・S（b）

★3865で縫いとめる

チェーン・S

アウトライン・S（b）
※強めに撚りをかける

アウトライン・S（a）
※0.7cm間隔で刺す

芯入りストレート・S（7mm）

芯入りストレート・S

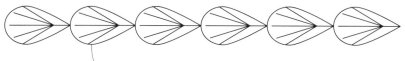

ストレート・S＋リボン・S＋★ストレート・S（1）3865
※p.48、58参照

コットンリボンの
カーディガン

p.16

リボン	No.1513（9mm幅ガーゼリボン） 生成（12）
25番刺しゅう糸	ECRU
その他	好みのカーディガン

●でき上がりサイズ（右身頃）
　約縦12.5×横13cm

刺し方のポイント

カーディガンの衿ぐりに、バランスをみながら左右対称に刺す。
リボンを引きすぎないように注意しながら、ふんわりと刺す。

実物大図案（右身頃）

・すべてNo.1513　生成（12）
・フレンチノット・Sは1回巻き
・★＝25番刺しゅう糸6本どり

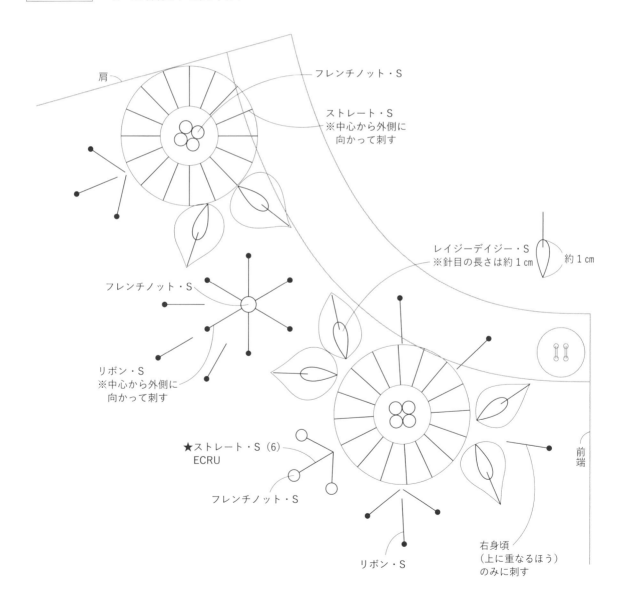

カーネーションの
メッセージカード

p.14

リボン	No.1540-3.5mm ブルー（214） No.1540-7mm 赤（095） No.1547（4mm）グリーン（36）
25番 刺しゅう糸	グリーン（522）、ピンク（760）、ライトエフェクト糸 シルバー（E168）
その他	シーチング 白 20cm四方 好みの画用紙（A4サイズ） 2枚

●でき上がりサイズ
　約縦10×横15cm

[刺し方のポイント]

カーネーションの花はp.42のギャザード・S（b）を参照し、∞にねじって形を整える。がくはリボン・Sで刺し、途中で止める。がくを刺してから花を刺す。

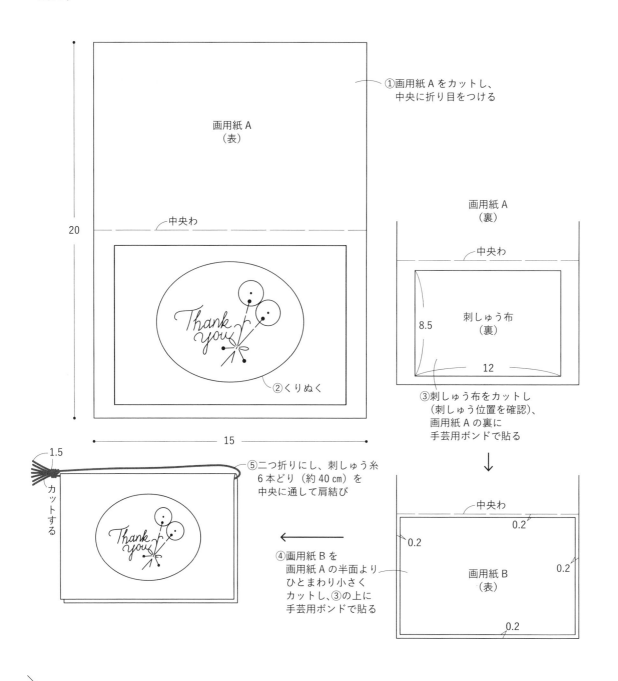

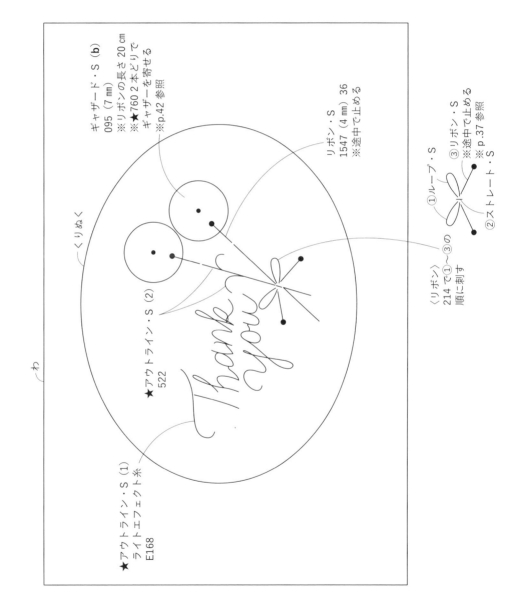

春のボタニカルサンプラー

p.15

●でき上がりサイズ
（ボーダー刺しゅう）
約縦25.5×横8.5cm

リボン	No.1540-3.5mm 薄紫（162）、紫（163）、薄グリーン（356）、黄色（424）、濃グレー（556）、白（558） No.1540-7mm 薄ピンク（002）、ピンク（063） No.1547（4mm） 薄グリーン（36）
25番刺しゅう糸	グリーン（522）、薄ピンク（818）、白（3865）
その他	シーチング 白 30×40cm

刺し方のポイント

25番刺しゅう糸で左右の模様を刺してから、リボン刺しゅうを刺す。カーネーションの花はp.42のギャザード・S（b）を参照し、∞にねじって形を整える。がくはリボン・Sで刺し、途中で止める。がくを刺してから花を刺す。

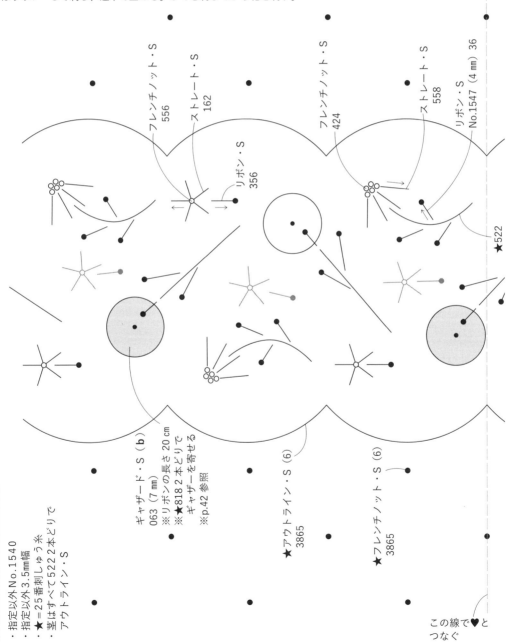

実物大図案（中央でつなぐ）
・指定以外No.1540
・指定以外3.5mm幅
・★=25番刺しゅう糸 5222本どりで
・茎はすべて522 2本どりで アウトライン・S

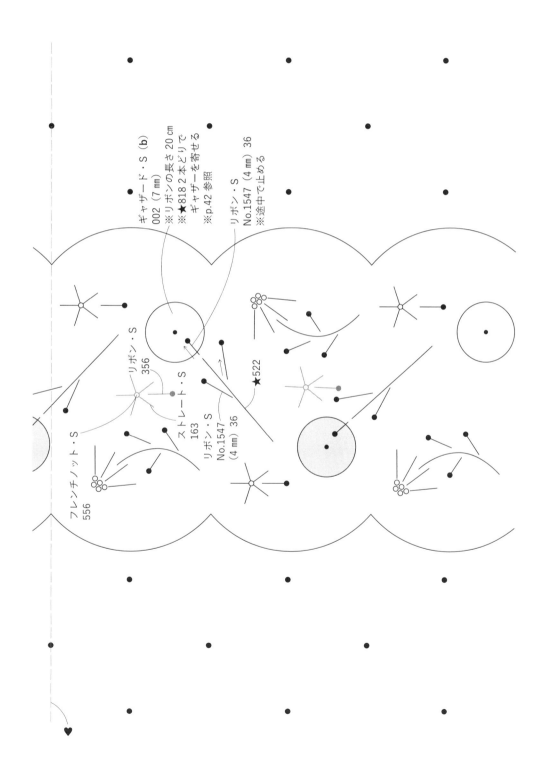

プチローズの
キッズ用カーディガン
p.17

リボン	No.1513（9mm幅ガーゼリボン）　赤（1）、薄ピンク（31）、ピンク（64）、薄グリーン（18）
25番刺しゅう糸	リボンと同系色　適宜
その他	好みのカーディガン

● でき上がりサイズ
　約縦2.2×横3.5cm

刺し方のポイント

好みの位置にバランスをみながらワンポイントで刺す。オールドローズ・Sは中心から外側に向かって色を変えながら、ふんわりと刺す（p.45参照）。

実物大図案
・すべてNo.1513
・同系色の25番刺しゅう糸2本どりで縫いとめる

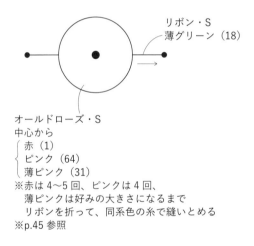

リボン・S
薄グリーン（18）

オールドローズ・S
中心から
　赤（1）
　ピンク（64）
　薄ピンク（31）
※赤は4〜5回、ピンクは4回、
　薄ピンクは好みの大きさになるまで
　リボンを折って、同系色の糸で縫いとめる
※p.45 参照

ミモザとチューリップの サンプラー

p.19

● でき上がりサイズ
実物大図案参照

リボン	No.1540-3.5mm　ブルー（214）、薄グリーン（356）、薄黄色（386）、濃黄色（424）
	No.1540-7mm　薄ピンク（002）、ピンク（063）、濃ピンク（095）
	No.1547（4mm）　濃グリーン（36）
25番刺しゅう糸	グリーン（523）、ブルー（3325）
その他	シーチング　白　30×40cm

刺し方のポイント

25番刺しゅう糸で周囲のスカラップ模様を刺してから、リボン刺しゅうを刺す。葉のリボン・Sは、内側を濃グリーンで刺してから外側に薄グリーンを重ねて刺し、リボンの左右の端に針を入れて外側にカールさせる。

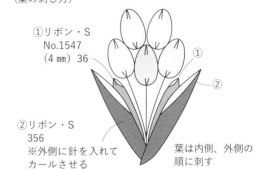

〈葉の刺し方〉
① リボン・S No.1547（4mm）36
② リボン・S 356
※外側に針を入れてカールさせる
葉は内側、外側の順に刺す

実物大図案

・指定以外No.1540
・指定以外3.5mm幅
・フレンチノット・Sは1回巻き
・★＝25番刺しゅう糸2本どり
・指定以外2本どり

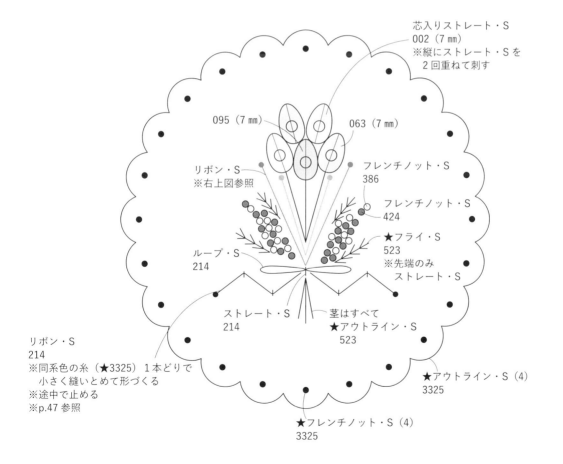

芯入りストレート・S 002（7mm）
※縦にストレート・Sを2回重ねて刺す

095（7mm）　063（7mm）

リボン・S ※右上図参照

フレンチノット・S 386

フレンチノット・S 424

★フライ・S 523 ※先端のみストレート・S

ループ・S 214

ストレート・S 214

茎はすべて ★アウトライン・S 523

★アウトライン・S（4） 3325

★フレンチノット・S（4） 3325

リボン・S 214
※同系色の糸（★3325）1本どりで小さく縫いとめて形づくる
※途中で止める
※p.47参照

春の花を集めて

p.18

● でき上がりサイズ
約縦11×横16cm、厚さ0.7cm

リボン	No.1540-3.5mm　水色（287）、濃グリーン（348）、薄グリーン（356）、グリーン（357）、黄色（424）、薄黄色（429）、濃黄色（445）、白（558） No.1540-7mm　黄色（424）、薄黄色（429）、白（558） No.1542（グラデーションリボン）　黄色（5）
25番刺しゅう糸	グリーン（523）、白（3865）
その他	シーチング　白　30×25cm 厚さ7mmの紙貼りスチレンボード（B5サイズ）　1枚

[刺し方のポイント]

25番刺しゅう糸で上下の模様を刺してから、リボン刺しゅうを刺す。ヒヤシンスの花は緩めのフレンチノット・Sで、外側は1回巻き、内側は2回巻きで刺し埋める。スイセンの葉はストート・Sに撚りをかけて刺す。葉はすべて下から上に向かって刺す。

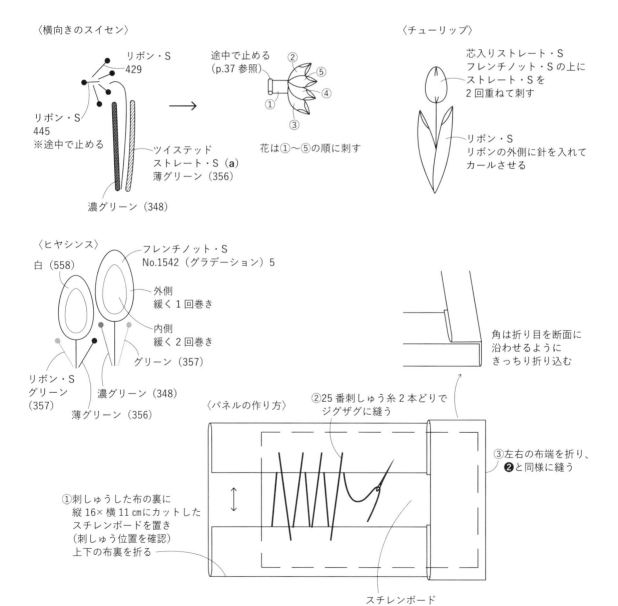

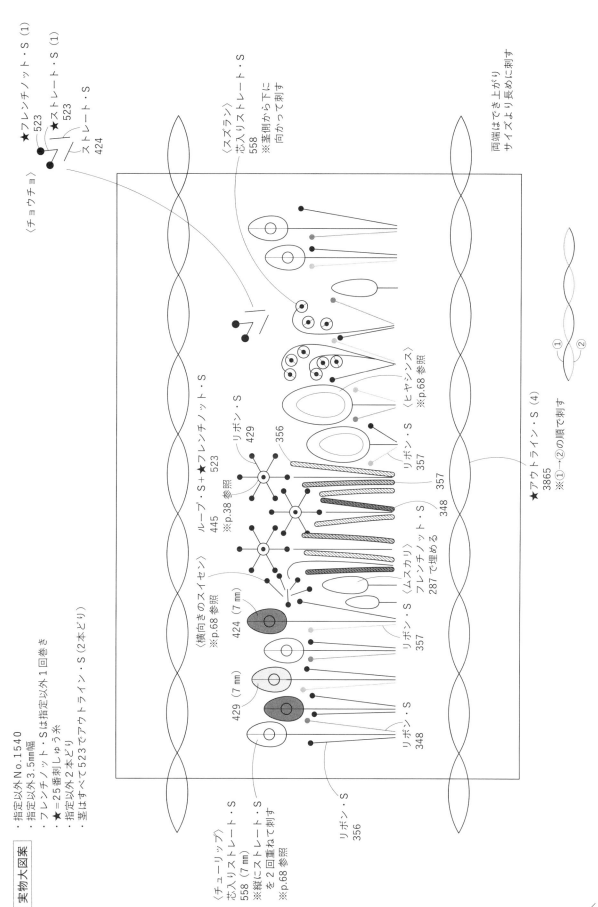

リーフモチーフの
ミニトート
p.20

リボン	No.1540-3.5mm　鶯色（366）、モスグリーン（379） No.1547（4mm）グリーン（39）
25番 刺しゅう糸	グリーン（3363）
その他	表布（オックス）　グレー　35×40cm 裏布（シーチング）　グレー　20×40cm

●でき上がりサイズ
　約縦16×横12.5cm
　※バッグの作り方はp.72

[刺し方のポイント]

茎を刺してから葉を刺す。モチーフごとに葉の色を変え、
それぞれ茎側から刺し始める。

[実物大図案]
・指定以外No.1540
・指定以外3.5mm幅
・★＝25番刺しゅう糸
・茎は指定以外
　2本どりでアウトライン・S

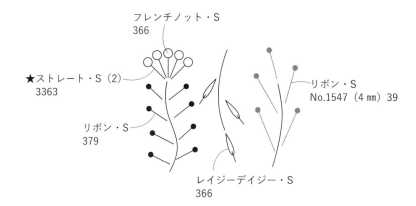

フレンチノット・S
366

★ストレート・S（2）
3363

リボン・S
379

リボン・S
No.1547（4mm）39

レイジーデイジー・S
366

リーフガーデンの
サンプラー
p.21

リボン	No.1540-3.5mm　鶯色（366）、モスグリーン（379） No.1540-7mm　黄緑（364）、鶯色（366） No.1547（4mm）　薄グリーン（33）、淡グリーン（35）、濃グリーン（39） No.1500（5mm幅オーガンジーリボン）　グリーン（42）
25番 刺しゅう糸	鶯色（522）、薄グリーン（3053）、グリーン（3363）
その他	シーチング　白　30×40cm

●でき上がりサイズ
　実物大図案参照

[刺し方のポイント]

葉をリボン・Sで刺す際、針を入れる位置によって表情が変わるため、
図案の向き（──●）を確認しながら刺す。

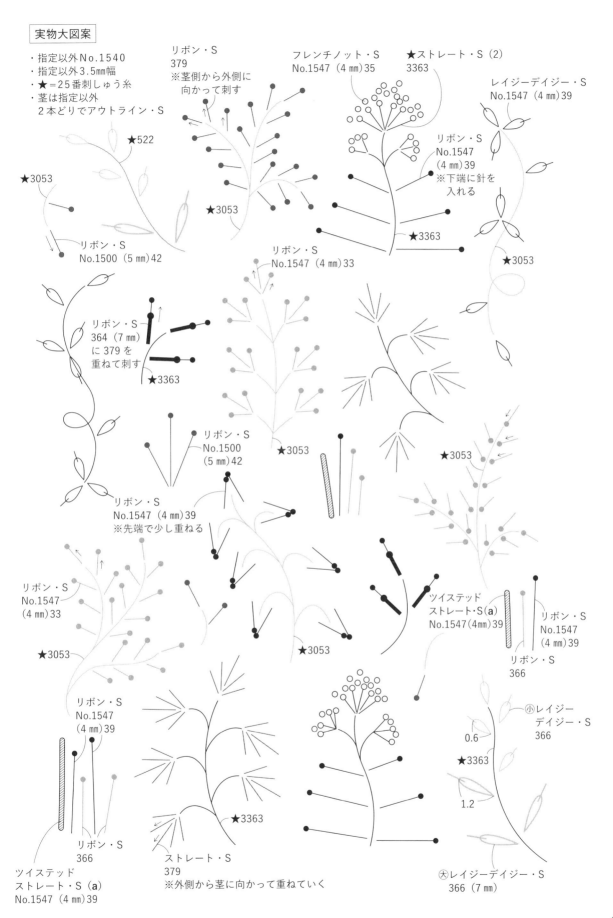

〈リーフモチーフのミニトートの作り方〉

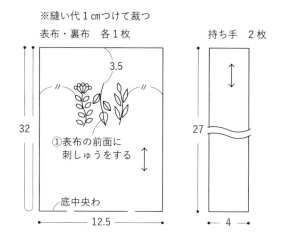

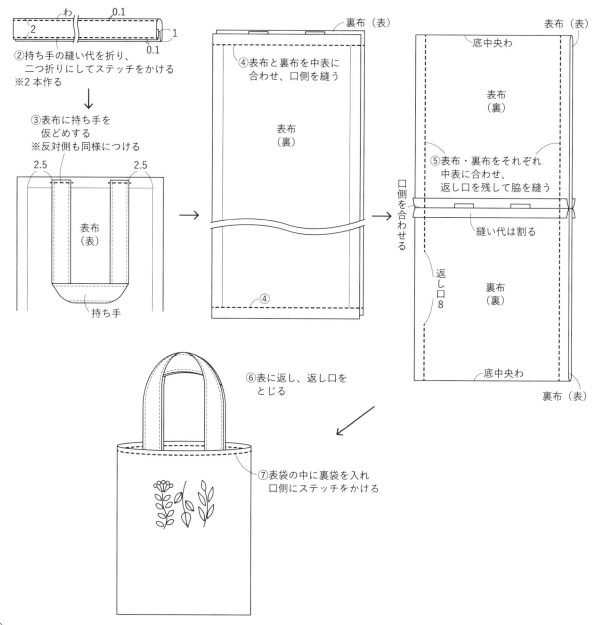

スズランの
ハートリース
p.22

リボン	No.1540-3.5mm　薄グリーン（356）、白（558）
	No.1540-7mm　黄緑（364）、グリーン（366）
25番刺しゅう糸	グリーン（3053）、白（3865）、ライトエフェクト糸 シルバー（E168）
その他（1個分）	シーチング　グレー　25cm四方 薄手キルト芯　15cm四方 刺しゅう枠　直径約12cm

●でき上がりサイズ（内径）
　直径約12cm

刺し方のポイント

リボンの刺し方はp.47を参照。ただし、ループ・Sは長めに刺して途中で縫いとめる。また、リボンの足は緩く折り返しながら数カ所を縫いとめ、ハート形になるように形づくる。リボンの先端はV字にカットする。

実物大図案
・指定以外No.1540
・指定以外3.5mm幅
・フレンチノット・Sは1回巻き
・★＝25番刺しゅう糸

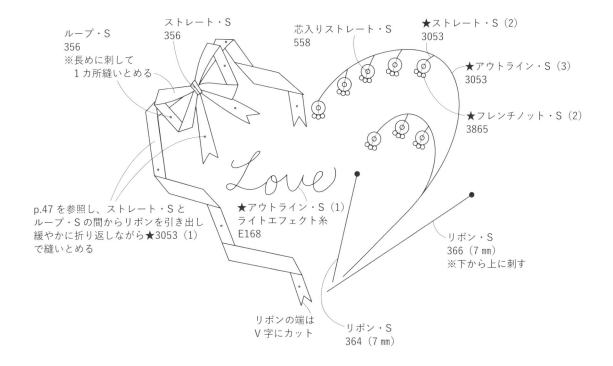

マーガレットの巾着ポーチ

p.23

● でき上がりサイズ
約縦20×横20cm

リボン	No.1540-3.5mm 薄グリーン(356)、薄黄色(386)、黄色(424)、白(558)
	No.1547(4mm) グリーン(36)
その他	表布 ストライプ地 50×30cm
	裏布 シーチング 白 50×30cm
	1cm幅グログランリボン 110cm

刺し方のポイント

花・葉ともに中心から外側に向かって刺す。
葉を2色のリボンを交互に刺すことで、単調にならず、表情豊かな仕上がりに。

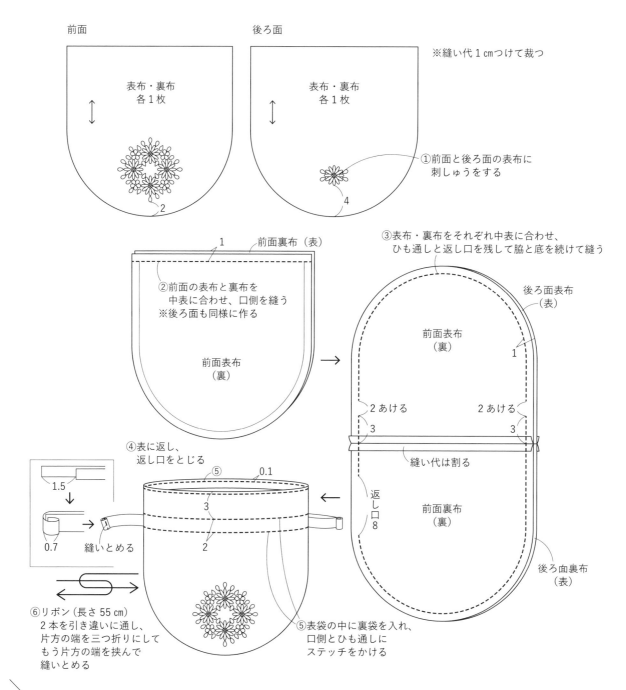

実物大図案
・指定以外 No.1540
・指定以外 3.5mm幅
・フレンチノット・Sは1回巻き
・[ ]内は縫い代の寸法

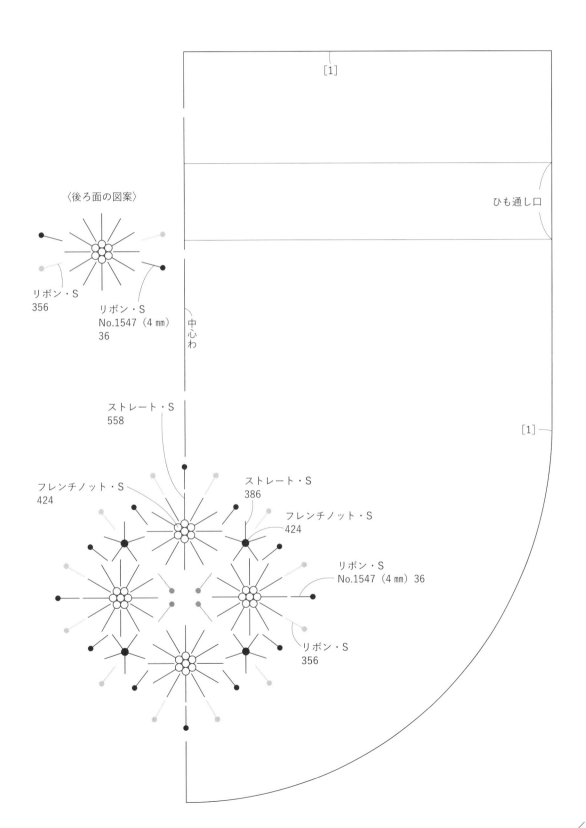

ワイルドストロベリーの
ミニフレーム

p.24

リボン	No.1540-3.5mm　グリーン（348）、黄色（445） No.1540-7mm　ピンク（095）、赤（048）、白（558） No.1547（4mm）　薄グリーン（36）、濃グリーン（39）
25番 刺しゅう糸	ECRU、赤（321）、グリーン（3363）
その他 （1個分）	シーチング（白）またはストライプ地　20cm四方 薄手キルト芯　15cm四方 刺しゅう枠　直径約8cm

● でき上がりサイズ（内径）
　直径各約8cm

刺し方のポイント

花はストレート・Sを布から少し浮かせてふんわりと刺す。実は布にぴったり沿わせ、両側→中央の順に刺す。無地の布に刺す場合は、周囲にフレンチノット・Sをプラスして。

実物大図案

・指定以外No.1540
・指定以外3.5mm幅
・フレンチノット・Sは1回巻き
・★＝25番刺しゅう糸
・茎は3363 2本どりで
　アウトライン・S

レイジーデイジー・S
No.1547（4mm）36

レイジーデイジー・S
No.1547（4mm）39

でき上がり線

レイジーデイジー・S
348

リボン・S
No.1547（4mm）39

★フレンチノット・S（3）
321
※無地の布に刺す場合

フレンチノット・S
445

ストレート・S
095（7mm）

ストレート・S
558（7mm）

ストレート・S
048（7mm）
※上から下へ向かって刺す

〈イチゴの実〉

①ストレート・Sで実を刺す

左右→中央の順に刺す　　中央は少し長めに刺す

②リボン・Sでヘタを刺す
下の2枚は実に針を入れる

③★フレンチノット・S（1）
ECRUで種を刺す

ワイルドストロベリーの
くるみボタン

p.25

リボン	No.1540-3.5mm 黄色（445）、白（558） No.1540-7mm ピンク（095） No.1547（4mm） 薄グリーン（36）、濃グリーン（39）
25番 刺しゅう糸	ECRU
その他 （1個分）	好みの布　10cm四方 直径3cmくるみボタン（市販のキットを使用）

●でき上がりサイズ
　直径各約3cm

刺し方のポイント

刺し方はp.76参照。ただし、花は3.5mm幅リボンで刺す。

実物大図案
・指定以外 No.1540
・指定以外 3.5mm幅
・フレンチノット・Sは1回巻き

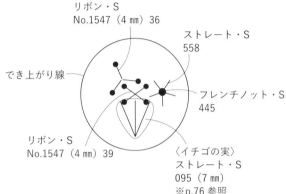

リボン・S
No.1547（4mm）36

ストレート・S
558

でき上がり線

フレンチノット・S
445

リボン・S
No.1547（4mm）39

〈イチゴの実〉
ストレート・S
095（7mm）
※p.76参照

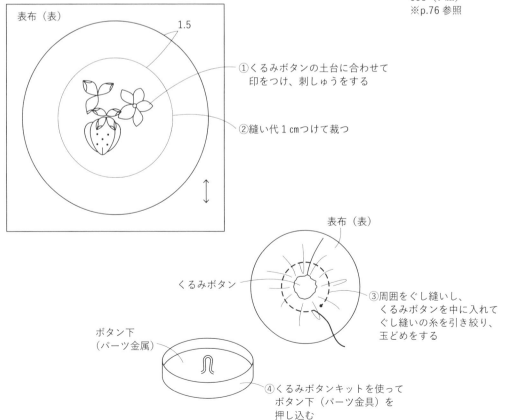

表布（表）
1.5

①くるみボタンの土台に合わせて
　印をつけ、刺しゅうをする

②縫い代1cmつけて裁つ

くるみボタン

③周囲をぐし縫いし、
　くるみボタンを中に入れて
　ぐし縫いの糸を引き絞り、
　玉どめをする

ボタン下
（パーツ金属）

④くるみボタンキットを使って
　ボタン下（パーツ金具）を
　押し込む

フラワーバスケットの
サンプラー

p.27

●でき上がりサイズ
実物大図案参照

リボン	No.1540-3.5mm　赤（048）、ピンク（063）、茶色（137）、ブルー（204）、薄ブルー（214）、グリーン（356）、グレー（556）、白（558） No.1540-7mm　薄ピンク（002）、赤（095）、薄ブルー（214）、水色（241）、白（558） No.1547（4mm）　濃グリーン（36）
25番刺しゅう糸	ECRU、グリーン（522）、カーキ（640）
その他	シーチング　白　30×40cm

【刺し方のポイント】

25番刺しゅう糸で外枠とボーダー部分を刺す。
バスケットを刺してから、花と葉、小鳥を刺す。

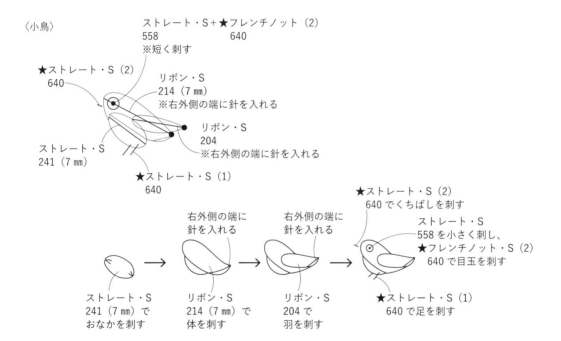

〈小鳥〉

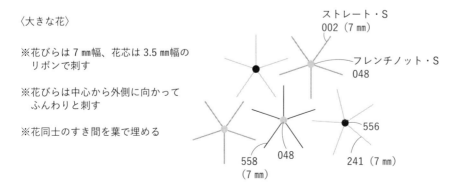

〈大きな花〉

※花びらは7mm幅、花芯は3.5mm幅の
　リボンで刺す

※花びらは中心から外側に向かって
　ふんわりと刺す

※花同士のすき間を葉で埋める

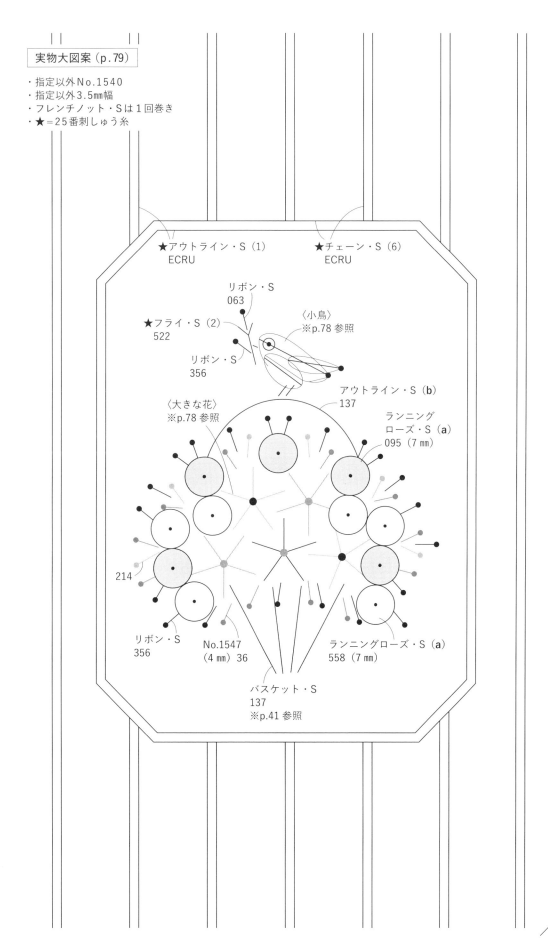

スワンとフラミンゴのブローチ

p.26

● でき上がりサイズ（外径）
　スワン　　　約縦3.5×横4.5cm
　フラミンゴ　約縦4.5×横3.5cm

リボン	No.1540-3.5mm　薄ピンク（002）、ピンク（063）、薄グリーン（356）、鶯色（366）、グリーン（379）、白（558） No.1540-7mm　ピンク（095）、白（558） No.1547（4mm）　薄グリーン（33）、グリーン（36）
25番刺しゅう糸	ピンク（760）、グリーン（522）、白（3865）
その他（1個分）	シーチング　スワン／ブルー、フラミンゴ／グレー　15cm四方 ブローチ台（縦3.5×横4.5cm）　スワン／横型、フラミンゴ／縦型

刺し方のポイント

フラミンゴとスワンは、リボン刺しゅうで体を刺してから、
25番刺しゅう糸で頭、首、足を刺す。

実物大図案
・指定以外No.1540
・指定以外3.5mm幅
・フレンチノット・Sは1回巻き
・葉はすべてリボン・S
・★＝25番刺しゅう糸

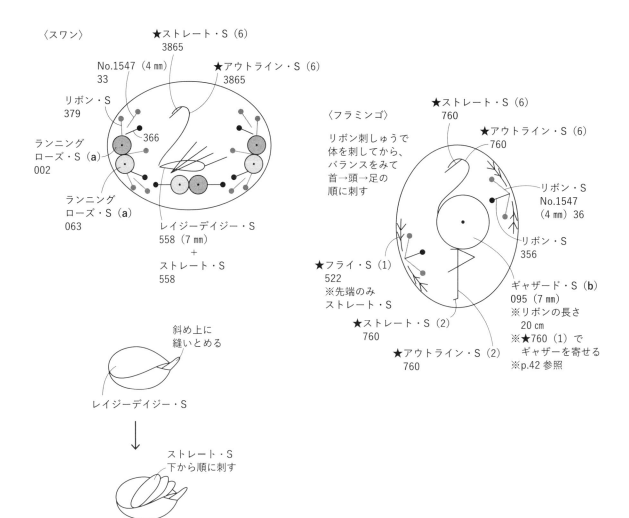

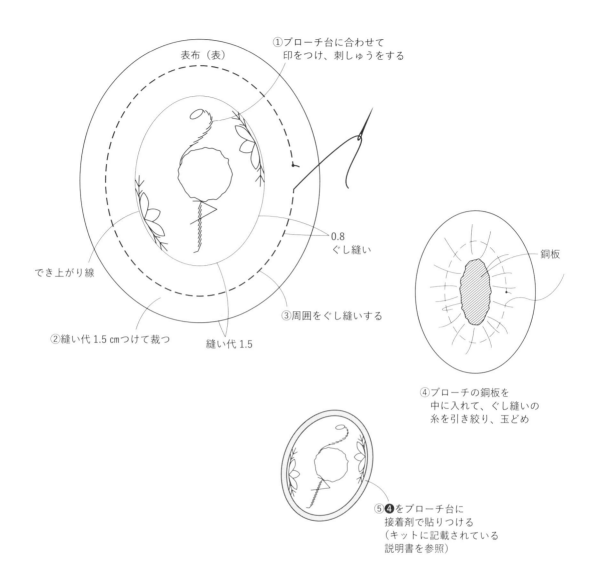

スワンとフラミンゴの シークレットガーデン
p.28

● でき上がりサイズ（内寸）
約縦15.5×横23.5cm
※実物大図案はp.82

リボン	No.1540-3.5mm　薄ピンク（002）、濃グリーン（379）、薄黄色（429）、グレー（552）、白（558） No.1540-7mm　ピンク（095）、薄ブルー（214）、水色（241）、白（558） No.1547（4mm）　薄グリーン（36）
25番 刺しゅう糸	ピンク（760）、グリーン（522）、白（3865）、水色（3753）
その他	シーチング　ミントグリーン　30×40cm

刺し方のポイント

スワンとフラミンゴの刺し方はp.80参照。
白い花はストレート・Sを布から少し浮かせるようにふんわりと刺す。

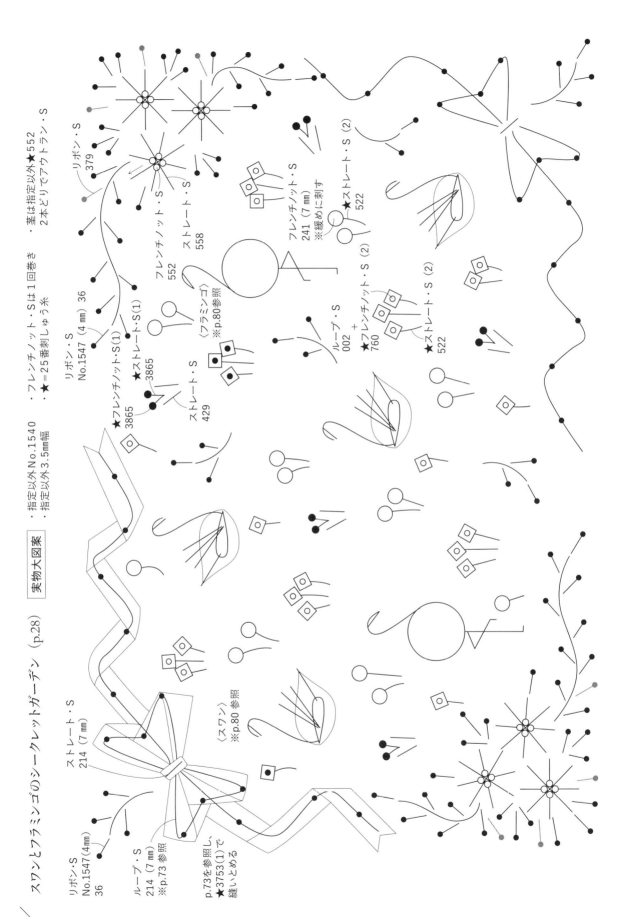

私の好きな花図鑑

p.30

※実物大図案は p.84・85

リボン	No.1540-3.5㎜　赤（048）、濃紫（153）、ブルー（214）、薄ブルー（241）、薄黄色（429）、黄緑（364）、鶯色（366）、モスグリーン（379）、薄黄色（386）、黄色（445）、白（558） No.1540-7㎜　薄ピンク（002）、ピンク（063）、コーラルピンク（095）、紫（153）、薄紫（163）、黄色（424）、薄黄色（429） No.1547（4㎜）　薄グリーン（36） No.1542（グラデーションリボン）　紫（9）、ブルー（11）
25番 刺しゅう糸	黒（310）、グリーン（522）、薄茶色（640）、黄色（742）、コーラルピンク（760）、紫（3041）、薄グリーン（3052）、薄グリーン（3053）、白（3865）
その他 （1点分）	シーチング　白　30×40㎝

刺し方のポイント

デイジー（p.85左下）の花は、外側から中心に向かってリボン・Sする際、リボンを布から少し浮かせて刺し、ふくらみを持たせる。アサガオ（p.84右下）の詳しい刺し方は、p.48参照。

・指定以外 No.1540
・指定以外 3.5㎜幅
・★＝25番刺しゅう糸

〈ビオラ〉

②花びらを
ストレート・Sで
中心から外側に
向かって刺す

153（7㎜）

①花芯を刺す
フレンチノット・S
445

③163（7㎜）
を刺す

④424（7㎜）を刺す

⑤★ストレート・S（1）
3041を刺す
※そっと置くように
外側から内側に向かって刺す

〈テントウムシ〉

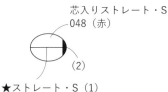

芯入りストレート・S
048（赤）
(2)

★ストレート・S（1）
310

実物大図案
- 指定以外No.1540
- 指定以外3.5mm幅
- ★＝25番刺しゅう糸
- フレンチノット・Sは指定以外1回巻き
- 茎は指定以外2本どりでアウトライン・S

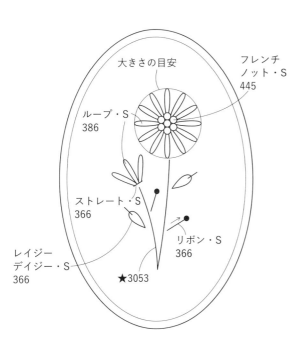

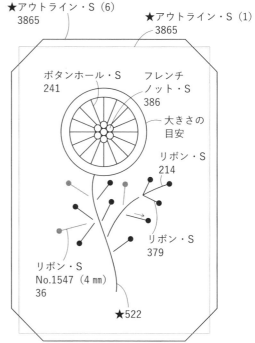

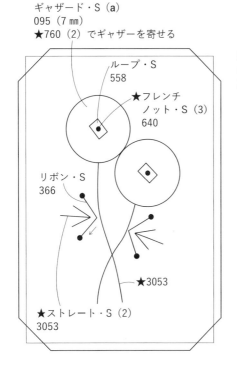

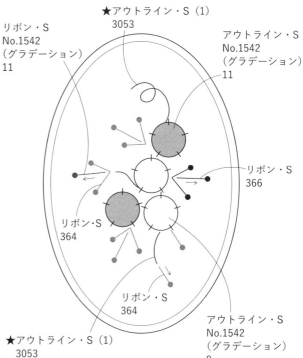

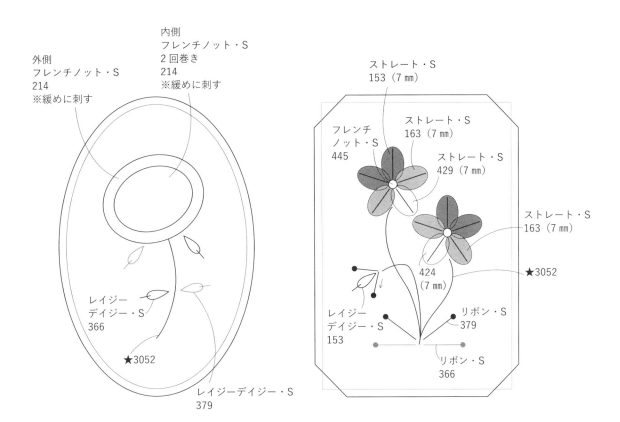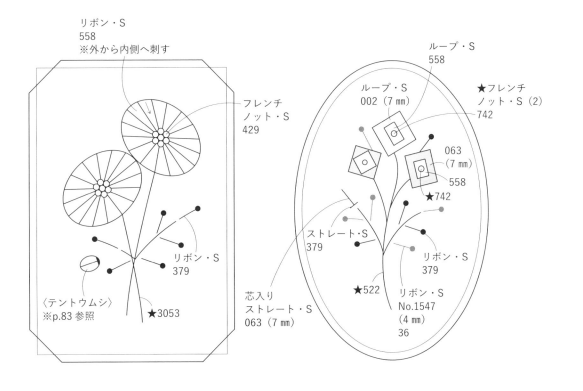

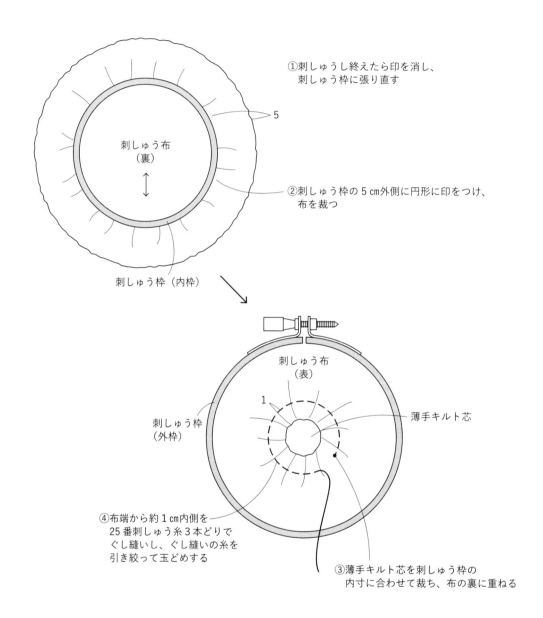

この本で使っているステッチ

25番刺しゅう糸で刺す場合はこちらを参考にしてください。

ストレートステッチ

アウトラインステッチ

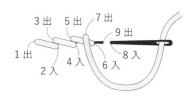

フレンチノットステッチ

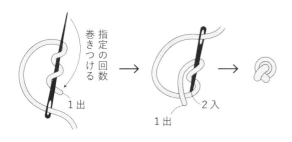

フライステッチ

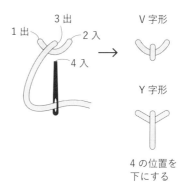

チェーンステッチ

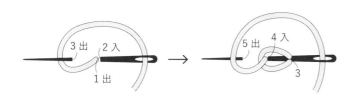

高村さわこ　Sawako Takamura

リボン刺しゅう作家。手芸誌や手芸関連企業に作品やデザインを提供。百貨店でのイベントにて、キット販売やワークショップを開催するほか、ヴォーグ学園東京校で講師を務める。

Instagram　@sawako.mk

Instagram

Staff

構成・編集	梶 謡子
デザイン	日毛直美
スタイリング	石川美和
撮影	有馬貴子（本社写真編集室）
作り方トレース・編集協力	八文字則子
校閲	滄流社
編集担当	北川恵子

撮影協力

クロバー	https://clover.co.jp/ ☎ 06-6978-2277（お客様係）
rytas	http://www.rytas.jp
sol×sol	https://www.solxsol.com
UTUWA	

とびきりかわいいリボン刺しゅう

著　者	高村さわこ
編集人	石田由美
発行人	殿塚郁夫
発行所	株式会社主婦と生活社
	〒104-8357　東京都中央区京橋3-5-7
	https://www.shufu.co.jp/
	編集部 ☎03-3563-5361
	販売部 ☎03-3563-5121
	生産部 ☎03-3563-5125
製版所	東京カラーフォト・プロセス株式会社
印刷所	TOPPANクロレ株式会社
製本所	株式会社若林製本工場

ISBN978-4-391-16249-3

十分に気をつけながら造本していますが、万一、乱丁・落丁の場合は、お買い求めになった書店か、小社生産部へご連絡ください。お取り替えいたします。

Ⓡ本書を無断で複写複製（電子化を含む）することは、著作権法上の例外を除き、禁じられています。本書をコピーされる場合は、事前に日本複製権センター（JRRC）の許諾を受けてください。また、本書を代行業者等の第三者に依頼してスキャンやデジタル化をすることは、たとえ個人や家庭内の利用であっても一切認められておりません。
JRRC（https://jrrc.or.jp/）　eメール：jrrc_info@jrrc.or.jp　TEL03-6809-1281）

©SAWAKO TAKAMURA 2024　Printed in Japan